婆苏阏拉 · 卡瓦利－佛辽若
（Vasundhara Kavali-Filliozat）

皮埃尔－西尔万 · 佛辽若
(Pierre-Sylvain Filliozat)

作者简介

皮埃尔 - 西尔万 · 佛辽若（Pierre-Sylvain Filliozat），法国远东学院著名印度学家让 · 佛辽若（Jean Filliozat）之子，父子两代均为法兰西学院院士。他自幼在印度学的熏陶中长大，1959 年在法国东方语言学院获得印地语学位，1962 年在法国高等实验学院完成关于维迪亚那他（Vidyānātha）修辞学著作《波罗多波楼陀罗》(Pratāparudrīya）的研究，1963 年进入法国远东学院，自 1967 年起在法国高等社会科学研究院任梵语研究部主任至今，并任法国亚洲学会副会长。他早年把主要把精力放在文法学巨著《大疏》(Mahābhāṣya）及其注疏的翻译与研究上，完成了十卷本《大疏灯注》的译注工作。他也对梵语文学艺术充满兴趣，与夫人婆苏闼拉合作完成了多部印度建筑史研究著作。曾获得法国军团荣誉勋章、法国金棕榈勋章等国家表彰。其夫人婆苏闼拉 · 卡瓦利 – 佛辽若（Vasundhara Kavali-Filliozat）是印度学者乾那巴萨伐帕 · 卡瓦利（Chennabasavappa Kavali）的次女。印度德里大学硕士，法国索邦大学博士。她自幼在梵语和坎纳达语古典文化的环境中长大，是著名的印度艺术史专家和金文学者，曾获印度政府的各种表彰。她使用坎纳达语、英语和法语写作，出版著作 26 种，致力于促进印度学术成果向西方世界传播。

内容简介

《法国的印度学》的作者皮埃尔 - 西尔万 · 佛辽若（Pierre-Sylvain Filliozat）教授，法兰西学院院士、法国高等社会科学研究院教授、法兰西公学教授，在欧洲印度学研究领域负有盛名。作者在本书中主要谈两个问题：一是印度梵文诗与诗学，此为法国印度学研究中的核心问题。从法国诗学和跨文化学的视角，将概念、阐释与文本诵读结合，论证印度梵文诗学与西方诗学的差异。二是法国印度学的学术史，展现法兰西学院智性、博学与交流的三大宗旨。本书的合著者是作者的夫人婆苏闼拉 · 卡瓦利 – 佛辽若（Vasundhara Kavali-Filliozat），法籍印裔，法国索邦大学印度学博士，长期从事欧洲与中国的印度学者以往较少涉及的印度南部寺庙文化研究。本书展现了这对法国教授夫妇在跨文化研究的视野下拓展法印学术交流的毕生努力。

［法］金丝燕　董晓萍　主编

“跨文化学导论”丛书之四

法国的印度学

——梵语文学与建筑艺术

［法］婆苏闼拉·卡瓦利－佛辽若

（Vasundhara Kavali-Filliozat）

［法］皮埃尔－西尔万·佛辽若

（Pierre-Sylvain Filliozat）著

赵悠　译

中国大百科全书出版社

图书在版编目（CIP）数据

法国的印度学 / （法）佛辽若著；赵悠译. --北京：中国大百科全书出版社，2022.12

（“跨文化学导论”系列）

ISBN 978-7-5202-1283-0

Ⅰ. ①法… Ⅱ. ①佛… ②赵… Ⅲ. ①文化-研究-印度 Ⅳ. ①G135.1

中国版本图书馆CIP数据核字（2022）第246057号

出 版 人　刘祚臣
策 划 人　曾　辉
责任编辑　曹　来
封面设计　程　然
责任印刷　魏　婷
出版发行　中国大百科全书出版社
社　　址　北京阜成门北大街 17 号
邮政编码　100037
电　　话　010-88390969
网　　址　http://www.ecph.com.cn
印　　刷　北京汇瑞嘉合文化发展有限公司
开　　本　787mm×1092mm　1/32
印　　张　5.75
字　　数　87 千字
印　　次　2022 年 12 月第 1 版　2022 年 12 月第 1 次印刷
书　　号　ISBN 978-7-5202-1283-0
定　　价　50.00 元

[法]金丝燕 董晓萍 主编

“跨文化学导论”系列

“跨文化研究”丛书（107）

教育部人文社会科学重点研究基地重大项目
“跨文化视野下的民俗文化研究”

青海省人民政府 - 北京师范大学高原科学与可持续发展研究院与
北京师范大学跨文化研究院“丝路跨文化研究”重大项目
（项目批准号：19JJD750003）

综合性研究成果

教育部人文社会科学重点研究基地
北京师范大学民俗典籍文字研究中心
青海省人民政府 - 北京师范大学高原科学与可持续发展研究院与
北京师范大学跨文化研究院“丝路跨文化研究”重大项目组

资 助 出 版

“跨文化研究”丛书
编辑委员会

序　言

跨文化学导论，以多元、多学科、多语种为架构，以“多”组合的“跨”为研究平台，将理论研究与扎实的个案研究相结合，整体形成“跨文化学导论”丛书。

参与这一理论架构的每一位学者，都是各自学科的代表。他们在跨文化学的平台上，参加学科建设，写各自的“导论”，这符合跨文化研究新学科的要求，此前并无先例。

跨文化学的学科发生地在中国，这是必然的。几十年前，跨文化研究活动已在中国大地兴起，在北京大学和南京大学得到开拓，在北京师范大学得到发展，经过坚持不懈的努力，直至今天，已打下一定的基础。

跨文化学的学科建设有三个维度：

一是研究维度。建立跨文化研究的国际化网络，定方向、定点、定期、定人、定主题，铺设跨文化研究的理论框架。

二是教学维度。建立跨文化多点式的国际化教育基地，举办跨文化学研究国际暑期学校、创设高端博士生研修课程，联合培养硕士和博士，加强高级访问学者、青年教师和博、硕研究生的交流。

三是出版维度。已有五条轴线：

※ 中法合作学术期刊《跨文化对话》

（乐黛云、[法] 李比雄主编）

※ 中法合作“远近丛书”

（乐黛云、[法] 金丝燕、董晓萍主编）

※ 中法合作“跨文化研究平台”丛书

（乐黛云、[法] 金丝燕、董晓萍主编）

※ 教育部人文社科重点研究基地“十三五”规划重大项目研究成果

“跨文化研究”系列丛书

※ 教育部人文社科重点研究基地重大项目综合性研究成果

“跨文化学导论”丛书

（[法] 金丝燕、董晓萍主编）

方法论是跨文化学的聚焦点，也是一种思想原则，包括“跨文化性”、“文化转场”与“跨文化对话”。

专业研究的精微、思想创新的引领，是跨文化学的灵魂。老一代学者已经留下经典。超越文本的单语化，尽量多语化，至少双语化。国际性是跨文化学产生影响的方式。

跨文化学的工作目标，既为今天和明天，也为长时段的历史研究提供当时已经书写而非追述的学术文献。

2021 年 1 月 30 日

目　录

图表目录

[1] 本书的图表目录，由译者根据作者原著所附插图整合编辑而成，图号为译者所加，以方便读者检索。——译者注

第一章

梵语诗：神圣与世俗

[法] 皮埃尔 – 西尔万 · 佛辽若（Pierre-Sylvain Filliozat）

导　读[1]

梵语诗，通常是受过长期专业训练的学者之作，以学究气著称。这些班智达（paṇḍita，即学者）为了显示自己的精神境界和语言能力，发展出精密的格律、比喻手法及修辞理论。这些与其说是感性诗歌的抒发，不如说是关于语言技巧的逻辑严密的篇章。与此同时，梵语诗还有它充满创造力和感染力、情感丰富的另一面，不论它描绘的是自然、个人感受，还是宗教情怀。班智达们如此痴迷于理论化，甚至没有放过对情绪和感受的分类，并配合以表达的理论。

[1] 本书各章均设《导读》，由译者结合原文摘要内容编写，以方便读者了解每章的要点。——译者注

偈颂的形式充斥着整个梵语文学，是梵语诗人最常用的手段，然而也并非必须。有格言说："散文是真诗的试金石。" 此类型的杰作是诗体小说《迦丹波利》（*Kādambarī*），它是 7 世纪古代印度诗人波那 · 跋陀（Bāna Bhaṭṭa）当之无愧的桂冠之作。

梵语诗歌是被记诵的，它们被吟诵、歌唱，只是偶尔被书写下来，或加以插图。聆听、阅读、乃至观看梵语诗歌与戏剧，需要观众与之匹配的接受能力。这种欣赏能力可以被分为几个不同的层次。而一个有能力欣赏的人叫做"同心人"（Sahṛdaya），即"具备（与作者）一样的心灵"。

虔敬诗歌❶

梵语文学受到莲花（意象）的许多恩惠：荷花（nelumbo speciosa）的花朵是绽开的，大型的白色花瓣层层叠叠，

❶ 本书各章题目均为对作者原文的译题。各章内的分节标题为译者所加，以帮助读者对作者的论述获得更为明确直观的印象。——译者注

越往尖头越红，还有一层橙红色的果荚；另一个品种，拉丁学名为 *nelumbo nucifera*，俗称“印度莲”，通常是蓝色的（见图 1、图 2）。印度的作者通常会在篇首致敬象头神“迦奈什”（Gaṇeśa），因为他能移除任何事业中的障碍。900 年前的马哈拉施特拉（Mahārāṣṭra），有一位名叫婆什迦罗（Bhāskara，1114–1185 年）的数学家、天文学家。他也因循这样的写作习惯，并在致敬中囊括了莲花意象。他以如此悦耳的偈颂，开启一部算数论著：

līlāgalalulallolakālavyālavilāsine |
gaṇeśāya namo'nīlakamalāmalakāntaye || [1]
皈敬迦奈什——
黑色的蟒蛇缠绕颈间，摇曳嬉戏，
［他］如蓝莲花般无瑕皎洁。（《莉拉沃蒂》）

---

[1] Bhāskara, *Colebrooke's translation of the Līlāvatī*, with notes by H.C. Banerji, Calcutta: The Book Company, 1927. 译者注：中文可参考徐泽林译，《莉拉沃蒂》，科学出版社，2008 年，第 23 页。其中本颂行文与原文差别较大，故遵循原作者的解读。

图 1. 荷花（nelumbo speciosa）

图 2. 印度莲（nelumbo nucifera）

值得注意的是，这么一首朗朗上口、魅力无穷的偈颂，其实由一位科学家所作。梵语诗饶富学究气，以隐晦著称，让我们仔细揣摩一下这首偈颂。

在神话当中，迦奈什是至高神湿婆（Śiva）及其妻子帕尔瓦蒂（Pārvatī）的儿子，他拥有一个孩子的身躯，却顶着大象的脑袋（见图3）。我们知道，湿婆有两个重要的面相：对于虔诚的信徒，他是慈眉善目的；对于世间邪恶，则是愤怒可怖的。迦奈什也分有他父亲的这两种面相。在家庭或寺院的神像当中，人们会根据不同的情境，以不同的颜色表现迦奈什。而究竟礼拜哪一种，则取决于信徒个人选择哪种为“本尊”（iṣṭadevatā）[1]。在印度南部的绘像当中，迦奈什平和慈祥的形象一般以白色的身躯来表现；在西部和北部，则以偏红黄的颜色居多。若要表现怖畏相，则以深色为主，且常示以多头多手，紧握各式象征物或武器，其中就包括蟒蛇。温和相的迦奈什也可能手执蟒蛇，不过是玩耍之姿，或是系在颈脖上作为装饰。这些都是神话中的传统意象。

[1] 意为备受青睐的神灵，作者原文为“preferred deity”。因 istadevatā 这一概念在汉语中，尤其是在佛教的语境下，通常译为“本尊”，故在此沿用。——译者注

图 3. 象头神迦奈什（18 世纪巴斯霍赫利风格细密画）

就上述皈敬偈而言，诗意可谓随着颂文的编排流溢出来：黑色的蟒蛇是最为危险凶残的物种，而诗人却拿它作神子嬉戏的宠物，并通过连续的“l”音，表现出他摆弄蟒蛇的情态[1]。

另一点有趣之处在于“kamala”这个梵语词，它可以用来指称许多种类的莲花，不论白色、红色、还是蓝色的莲花。偈颂第二句当中的namo nīlakamala实际上带有双重含义，因为我们还可以把它读作namo anīlakamala——根据梵语的连音规则，跟在元音“o”后面的短元音“a-”不发音[2]，但却保留它原本的意义。此处的前缀“a-”表达否定。“nīla”一般指深色，比如深蓝色。当我们读到此处，首先会下意识地认为“深蓝色”不合时宜，因为偈颂称颂的应是慈爱相的神灵，作者礼敬以祈求庇护。这种情况下，怎么能是一位深色的神灵

[1] “l”是一个充满动感的音，也是“lalita”等表示嬉戏等词汇的主要组成部分。——译者注

[2] 梵语是表音的书写系统，此类不发音的情况下，会用一种省略符号（avagraha）标示略去的初音，但字母只写出发音的部分，故仍作“namo ’nīlakamala……”。我们需留意梵语诗的口头层面，当这些诗句被听到而非阅读到的时候，这里作者所揭示的双重含义便更易于理解了。——译者注

呢？[1]而如果我们读成“anīla”，也就是“非-深色”（即浅色）。这样便构成了一种比喻：迦奈什拥有白莲花般的光彩，提示其明亮的强度；并由此与黑色的蟒蛇形成巨大反差，体现出神的光明慈爱战胜可怖的黑暗。

这还没完。如果我们不读出那个否定前缀“a”，即作 nīlakamala，这句话则将迦奈什的光耀与蓝莲花相比拟。此中诗意更添一筹：诗人想象那条蟒蛇的黑色如此闪耀夺目，惹得这位神子无比倾心而与之玩耍，甚至抛弃了自己本来的颜色，转而变成了蛇的黑曜之色。这表达了神恩战胜邪恶昏暗的另外一个层面：如果神通过嬉戏便可摆脱邪恶，那么排除诗人创作过程中的任何一种障碍对他而言必定更加轻而易举。

在此我想再次提醒大家：这是一部算数学论著的开篇，接下来整部书都是关于算数，还有一部分天文和宇宙地理学的内容。《莉拉沃蒂》其实是鸿篇巨制《成就顶珠》（*Siddhāntaśiromaṇi*）[2]的一部分，通篇由偈颂体写成。12世纪时，本书便以该领域最先进的专业知识闻名，其

[1] 如上所说，深色即代表恐怖相的神。——译者注
[2] 而其中的第一卷题为《莉拉沃蒂》。——译者注

影响力绵延不绝多个世纪。它的作者是一位典型的“班智达”（paṇḍita），也就是梵语传统当中的学者。

所谓班智达，必然受过良好的梵语语言训练并精通“三学”（śāstra，意为教授的知识），其中包括语法（vyākaraṇa）、弥曼差（mīmāṃsā）[1]和正理（nyāya）。所谓“语法”，主要指由语言的基本元素构成词句的过程；所谓“弥曼差”，指的是阐发吠陀词句的过程；所谓“正理”，指的是引导思维和辩论的途径。一位情感充沛且富有宗教感的班智达可能倾心于诗歌，不论是世俗的还是神圣的诗歌。而一位诗人的作品或许看上去不外乎一首诗歌，却又往往贯穿着他丰富的理论知识（śāstric knowledge）背景。反之亦然，一位班智达就算偏好理论性、哲学性、宗教性或科学性较强的知识，他的书写仍会透露出诗歌的意趣。

梵语诗的格律非常复杂。一般而言，一首梵语偈颂由三到四行组成，每一行的结构基本一致，通常是轻重音节的某种交替组合，也有按照音节单位的长度计算。这套系统意味着大量不同组合的可能性，为作者提供了

[1] 该词的字面意思是反复仔细思量。——译者注

巨大的创作空间。规范化的诗歌，也同样自成一套理论体系（śāstra），叫作“庄严论”（alaṃkāraśāstra）。

上述分析的偈颂当中，那种将喻体的颜色转移到本体的方法便是其中一种特殊的修辞手段，叫作“借用”（tadguṇa）[1]，即本喻体带有同一种性质。它的标准定义如下：

> *svam utsṛjya guṇaṃ yogād atyujjvalaguṇasya yat* |
> *vastu tadguṇatām eti bhaṇyate sa tu tadguṇaḥ*||
> (*Kāvyaprakāśa sūtra* 204)[2]
>
> 当一物与另一物发生某种关联，而后者的特性如此突出，以至于前者脱离了自己本有的属性，转而带上了后者的特征。这叫作“借用”。（《诗光》）

---

1 或“借用（修辞格）”，沿用黄宝生老师的译名。——译者注

2 *Kāvyaprakāśa of Mammata with the Sanskrit Commentary Bālabodhinī by V.R. Jhalakikar*, ed. R.D. Karmarkar, Bhandarkar Oriental Research Institute, 1965. p.747. 译者注：颂文取自11世纪曼摩咤（Mammata）的《诗光》第十章，总第204颂，此处直接根据梵语原文及作者解释译出。其他《诗光》选段，可参见黄宝生，《梵语诗学论著汇编》（下册），昆仑出版社，2008年。

梵语诗歌当中，最常见的修饰分“明喻”（upamā）和“隐喻”（rūpaka）两种。二者都建立在两个相似物之上，却有着形式上的差别。明喻一般有明确的比喻词，指出事物之间的相似性，标准的案例比如：年轻女孩的脸庞像莲花。而若是隐喻，则仅仅并置两个事物，比如说：年轻女孩的莲花脸。二者更深层次的差别在于：在明喻当中，本体和喻体处在同一个维度上；而在隐喻当中，喻体则附置到了本体之上——喻体的意义层级实际要高于本体，从而强化本体某方面的特性。

举一例来说。克里希纳（Kṛṣṇa，即黑天神）躺在一片榕树叶上是个令人着迷的意象，能激发出一系列隐喻：

karāravindena padāravindaṃ
mukhāravinde viniveśayantam |
vaṭasya patrasya puṭe śayānaṃ
bālaṃ mukundaṃ manasā smarāmi || (II.57)[1]

---

[1] *Krishna Karnamrita of Lilasuka*, with English translation, introduction and notes by M.K. Acharya, Ramaswamy Sastrulu, 1958. p.88.

凝思着我心中的穆恭陀［神］童❶，

躺在一片榕树叶空陷的中央，

用莲花手，在他的莲花口中，

引入他的莲花脚丫。(《黑天悦耳甘露》)

图 4. 榕树叶上的穆恭陀（20 世纪绘制的圣像）

❶ 穆恭陀（Mukunda），黑天的众多名号之一。整首颂文还谱有旋律，是一首广为流传的圣歌，一般叫“Bālamukunda-aṣṭakam”。——译者注

诗人利拉苏迦（Līlāśuka）在他的《黑天悦耳甘露》中，力图彰显神的无所不在。其方式是：让毗湿奴这位超世之神，作为一个新生的小婴儿，诞生在牧羊人家；牧羊人的习俗便是将新生儿放在一片榕树叶上。这里以“莲花”为喻，便通过渲染婴儿手脚和嘴型之美，唤起至上神的神圣光辉。

莲花是梵语诗歌当中经常用到的比喻。事实上，梵语诗歌传统有一系列约定俗成的经典修辞库。经典的比喻包括花朵、鸟类、野生动物，以及想象中的生物——它们具备纯自然的，或超自然的特质，而能感染人心。比如：

白色的莲花日出盛开、日落闭合；蓝莲花则反之，白昼紧闭、日落绽放。

茉莉花是白色的象征；雨季的乌云则常用来形容黑色。

月亮由白色的不死灵药构成，能够给众神带来永生。

“haṃsa”（常译作鹅或雁）其实是想象中的一种白色鸟类，它能够从牛乳当中分离出水，因而象征着纯洁，抑或比喻圣人与众不同的辨别力。

“cakora”（鹧鸪）是一种学名为山鹑的鸟类，传说它以云中的水滴为生。

“cakravāka”（鸳鸯）是另一种鸟，它们白天与配偶结合，夜晚便与其分离。

鱼的形状通常借来描述眼睛；也因为它在水中不停游动，用来比喻易变的心识。

蟒蛇以风为食；眼镜蛇张开的颈部有亮片，故而能在黑暗中发光。

印度象的头部有两块凸起，据说其中藏有宝石，且发情时会从中流出一种液体；狮子跳到大象头顶，撕开凸起、宝石散落，这便成为了胜利和力量的象征。

诸如此类的传统意象非常古老，几乎所有都能在史诗《罗摩衍那》（*Rāmāyaṇa*）当中找到[1]。它的作者蚁蛭（Vālmīki）正是所谓最初的诗人（ādikavi）。

迦梨陀娑

当然，也有作者乐于创造新的修辞手法。印度

[1]《罗摩衍那》的形成时间，目前认为在公元前200年至公元后200年之间。——译者注

的国民诗人迦梨陀娑（Kālidāsa）便以其独具匠心的“明喻”著称。我们常说“明喻属于迦梨陀娑”（upamā kālidāsasya）。尽管他改写过蚁蛭的史诗，对蚁蛭所代表的传统了如指掌，但他往往会避免使用常规的手段。即便他使用这些意象时，仍然会创造出新的修辞效果。比如鱼的油滑易变他很熟悉，但他并不直接举引这一意象；他反其道而行之，用来刻画圣人心识的寂静：

> *kṣaṇamātram ṛṣis tasthau suptamīna iva hradaḥ* |
> (*Raghuvaṃśa* Ⅰ.73)[1]
> 仙人刹那间陷入沉思，（他的眼睛凝固不动，）犹如鱼儿入睡的池塘。（《罗怙世系》）[2]

此处是用一个具象事物（即池塘）比附一个抽象事物，即心识的平静。当然，别处也会用一个抽象事物来比附一个具象事物。

---

❶ *Kālidāsa-granthāvalī*, ed. Revāprasāda Dvivedī, Kāśī Hindū Viśvavidyālayaḥ, 1976. p.109. 以下《罗怙世系》皆引自这个版本，不再重复标注。——译者注

❷ 中文选段引自黄宝生译本。迦梨陀娑，《罗怙世系》，黄宝生译，中国社会科学出版社，2017 年，第 29 页。——译者注

迦梨陀娑大约生活在4世纪笈多王朝的宫廷当中，是三部戏剧的作者，它们无一不是梵语戏剧的杰作；另外还有两首英雄诗，《罗怙世系》(*Raghuvaṃśa*)讲述一个世间王朝的辉煌故事，他们追溯太阳神为种族的源头；《鸠摩罗出世》(*Kumārasaṃbhava*)则是鸠摩罗诞生于湿婆与雪山女神的神话故事。除此之外，他还著有两部短诗，可谓梵语诗歌的桂冠之作：《六季杂咏》(*Ṛtusaṃhāra*)和悲挽的《云使》(*Meghadūta*)。

《云使》的主旨大约如下：药叉俱比罗（Kubera）的一位侍从玩忽职守，因而被流放边地。由于与自己的爱人遥遥分离，他托付一片云彩传递他的情思。整首诗歌分为两个部分，各五六十颂，使用挽歌式的“缓转格”（mandākrāntā）❶写就：一部分诉说云使行走的轨迹，另一部分叙述情书的内容。整部作品充满梦的氛围：云朵模糊暧昧的形状、他笔下的山水，以及流露始终的忧伤情绪，给诗歌奠定了基调。不论是云朵、追忆，还是在

❶ 缓转格（mandākrāntā）是诸多梵语格律中的一种，17个音节一句，两句一颂，遵循以下轻重音节规律：- - - - / ˘˘˘˘˘ - / - ˘ - - ˘ - -（˘ 表示轻音节、- 表示重音节）。可参见 V.S. Apte, *A Practical Sanskrit-English Dictionary*, Poona: Prasad Prakashan, 1957-1959. “Appendix I.”, p.1185.——译者注

绝望与希望之间的徘徊、种种图景、直白或隐喻的表达，都是为谱写挽歌所作的精心选择。通过这样一首短篇的杰作，迦梨陀娑开创了一种新的诗歌形式：许许多多的“信使体”作品在他之后问世。鹦鹉、杜鹃、孔雀，乃至风等等，先后都成为了传递爱情的使者。从挽歌到吠檀多德悉迦（Vedāntadeśika）神秘主义的灵魂考索——借《罗摩衍那》主人公与悉多分离之苦表达——则都运用了象征着信仰纯洁的天鹅。

通过另一个例子，我们可以了解迦梨陀娑如何借用传统意象表达凄婉的情境：

> *śyāmāsv aṅgaṃ cakitahariṇīprekṣaṇe dṛṣṭipātaṃ*
> *vaktracchāyāṃ śaśini śikhināṃ barhabhāreṣu keśān* |
> *utpaśyāmi pratanuṣu nadīvīciṣu bhrūvilāsān*
> *hantaikasmin kvāpi na te caṇḍi sādṛśyam asti* || (II.44)[1]
> 我在藤蔓中寻找你的身影，惊鹿眸中寻找你的秋波，
> 明月中寻找你的脸庞，孔雀翎中寻找你的秀发，

---

[1] *Kālidāsa-granthāvalī*, ed. Revāprasāda Dvivedī, Kāśī Hindū Viśvavidyālayaḥ, 1976. p.41.

河水涟漪中寻找你的眉梢。

哎！我残酷的爱人！还是找不出一处与你相同。[1]

窈窕的身姿、眼神、肤色、秀发与眉梢，描述美貌女性的惯用手法在此一一铺陈，却作为“否定相似性”（apahnuti，一种修辞法）的依据而出现。并且，迦梨陀娑尽管沿用了常规意象，却赋予这些意象以相反的情感意义：枯受煎熬的爱人没有说，在藤蔓等等之中“我看见”（paśyāmi）你窈窕的身影；他说的是“想看见”（ut-paśyāmi）：通过动词前缀“ut”，给“看见”这个词添加了一层意欲而不得的意思，基调变成了“我试图看见”。然而这位绝望的爱人，最终还是失败了，那些画面并没有将他的爱人带到现场。在他目光所及之处，她仍然是缺失的。他好像一个被遗弃的爱人，所以最后他唤她为“caṇḍi”，残酷的人。

[1] 中文参考金克木译本，迦梨陀娑，《云使》，载《梵竺庐集（乙）· 天竺诗文》，江西教育出版社，1998 年，第 143 页总第 104 颂。根据作者原文做细微调整。如主要动词，金译为“看出”（ut-paśyāmi），佛辽若英译做“search for”，为突出缺失感，沿循后者的意思，译作“寻找”。——译者注

《罗怙世系》和《鸠摩罗出世》属于“大诗”（mahākāvya）：这是一种介于史诗和抒情诗之间的体裁。它通常取材自《摩诃婆罗多》（*Mahābhārata*）和《罗摩衍那》等史诗作品，以及神话的、宗教的、或历史的传说，以记录英雄事迹为主。同时，大诗还包括一些既定的主题，比如对季节、城市、大海、山川、月出、日出、花园、水嬉、婚姻、登基、征服四方、议会、出使等对象的描写——事实上，此类诗歌的描写成分经常超出叙事本身的重要性。大诗之门总是朝向自然、感觉、情绪等敞开。与史诗连贯的叙事不同，大诗在形式上更像是一个个独立偈颂的聚合，每一颂都有着一部诗的份量。

大诗《罗怙世系》描绘了神话中由太阳神而来的王朝世系。它通过以下诗句奠定了一种高贵的皇家概念：

> *dudoha gāṃ sa yajñāya sasyāya maghavā divam* |
> *saṃpadviniyamenobhau dadhatur bhuvanadvayam*|| I.26 ||
>
> 他挤大地奶牛为了祭祀；因陀罗挤天空为了谷物；

通过这样互相交换财富，他俩维持这两个世界。❶

迦梨陀娑通过称颂国王迪利波（Dilīpa），表达了天地两界统治有序的理念。“富庶（之神）”（Maghavan）指众神中的因陀罗王，他统治着天界。迪利波则是传说中的地界之神。迦梨陀娑以此太阳世系的颂辞开篇。上述所引偈颂界定了宇宙中天地两界的摄政帝王，而两界的关系似乎取决于两位国王统治之间的匹配和谐。迪利波执行了祭祀，包括通过火将产自大地的祭品献给诸神。大地被比喻为一头奶牛，奶牛的乳汁则象征着在其统治下粮食的丰收。迦梨陀娑进一步把收获庄稼比附为挤牛奶的过程。而作为回报，众神之王给大地播撒雨露。这让我们不禁联想到，在古代中国，天地间的和谐通过帝王在天坛祭祀、祈求上苍护佑大地而得到维护。

然而，迪利波犯下了一桩过失：他对神牛南迪尼（Nandinī）不敬，在维系和谐的责任中渎职。他只有通

❶ 汉文采取黄宝生译本，《罗怙世系》，中国社会科学出版社，2017 年，第 11 页。——译者注

过守护并侍奉神牛才能赎罪。于是，国王对林中食草的神牛无比谦卑礼敬。围绕此，迦梨陀娑创作出了梵语文学史上最美的诗句之一：

tasyāḥ khuranyāsapavitrapāṃsum
apāṃsulānāṃ dhuri kīrtanīyā |
mārgaṃ manuṣyeśvaradharmapatnī
śruter ivārthaṃ smṛtir anvagacchat || II.2 ||
君主的贤妻堪称贞女之首，
她追随着母牛经行的道路——
尘土由其踩踏竟亦见圣洁，
正如“法论”对吠陀的意涵亦步亦趋。[1]

“天启”（śruti）指吠陀，它是永恒的，独立自存的，它没有作者，语句不会随着时间而改变。“传承”（smṛti）则用其他方式阐发了吠陀的意义，并且由人所作，比如摩奴（Manu）[2]。“天启”和“传承”二词（在梵语中）都

[1] 见黄宝生《罗怙世系》，第 39 页。据佛辽若原作中译文，略作修订。——译者注

[2] 即《摩奴法典》（Manu Smṛti）的作者。

是阴性的，所以适合作为喻体用在这里。[1]

nivartya rājā dayitāṃ dayālus
tāṃ saurabheyīṃ surabhir yaśobhiḥ |
payodharībhūtacatuḥsamudrāṃ
jugopa gorūpadharām ivorvīm || 3 ||

这位优秀的国王声名远扬，
心地仁慈，此刻把王后劝回，
他保护这头奶牛，如同保护
以四海为乳的牛形大地。[2]

苏罗毗（Surabhi）是天上的“许愿母牛”（Kāmadhenu）。请留意句中押的几处头韵。这里的修辞手法并非明喻。明喻指的是两个现实物体之间的比附。这里，母牛的身份被嫁接到大地上。这完全是出于想象。诗人运用了一种理念，其专门术语叫作“奇想”（utprekṣā，字面意思是“眺望”），因为他从现实跃入了想象的世界。大地作

---

❶ 梵语写作中本体和喻体需要同性，而此处的王后和母牛都是阴性的，因此天启和传承恰好合适。——译者注

❷ 见黄宝生《罗怙世系》，第 40 页。——译者注

为母牛的意象在梵语语汇中根深蒂固；甚至，“母牛”（go）这个词本身就有“母牛、大地、语言”等多重涵义。作为诗人，迦梨陀娑直接将多义词转化为信马由缰的奇想。

dhanurbhṛto'py asya dayārdrabhāvam
ākhyātam antaḥkaraṇair viśaṅkaiḥ |
vilokayantyo vapur āpur akṣṇām
prakāmavistāraphalaṃ hariṇyaḥ || 11 ||
即便持弓，他仍因慈悲而不失温柔，
那些雌鹿心中毫无畏惧，因以称咏。
它们凝视着他的躯体，
如其所愿而大饱眼福。❶

一般情况下，只要看到猎人的弓箭，羚羊就特别容易受到惊吓。需要补充说明的是，羚羊的眼睛很长，且眼神闪烁。迦梨陀娑以此衬托出国王温柔的内心：他的

---

❶ 这句中文直接从佛辽若原作译出，参考黄宝生《罗怙世系》，第43页。——译者注

弓箭是皇室身份的象征，而非武器；他的慈悲溢于言表，连胆怯的羚羊都感到安全。也就是说，迦梨陀娑反转了羚羊见到弓箭就吓跑的惯例。他利用了羚羊及其双眸的特点，以迂回的方式表达出国王的美德。

sa kīcakair mārutapūrṇarandhraiḥ
kūjadbhir āpāditavaṃśakṛtyam |
śuśrāva kuñjeṣu yaśaḥ svam uccair
udgīyamānaṃ vanadevatābhiḥ ‖ 12 ‖
竹林的缝隙灌满风声，
仿佛起到笛子的作用。
他在丛中聆听，
森林女神歌唱［他］自己的美名。[1]

国王停下了侍臣的步伐，独自走进森林，像一个普通的牧牛人般侍奉神牛。迦梨陀娑实际上是将护卫国王的皇家庆典仪礼，转移到了森林中诸神的图景之中。

---

[1] 见黄宝生《罗怙世系》，第 44 页。据佛辽若原作中译文，略作修订。——译者注

pṛktas tuṣārair girinirjharāṇām
anokahākampitapuṣpagandhiḥ |
tam ātapaklāntam anātapatram
ācārapūtaṃ pavanaḥ siṣeve || 13 ||
沾有山间瀑布散发的水雾，
带有树木轻轻摇动的花香，
风儿侍奉这行为纯洁的国王，
他没有华盖，因炎热而疲惫。[1]

有伞盖侍者胁从，为其遮挡烈日，这是皇室的特殊待遇。

śaśāma vṛṣṭyāpi vinā davāgnir
āsīd viśeṣā phalapuṣpavṛddhiḥ |
ūnaṃ na sattveṣv adhiko babādhe
tasmin vanaṃ goptari gāhamāne || 14 ||
森林大火无雨而灭，
繁花奇盛，硕果累累，

[1] 见黄宝生《罗怙世系》，第 44 页。——译者注

野兽不再恃强凌弱，

一旦国王踏入林中。❶

远离灾异，富足平等，这是理想君主善加治理的回报。迦梨陀娑将这一观念，移植到森林茂密的景致当中。

波那跋陀

学者之间有一种说法：散文体才是诗人的试金石。的确，梵语诗歌的巅峰在一位散文诗的作者那里达到了。他就是波那跋陀（Bāṇa Bhaṭṭa），约生活在7世纪上半叶。他在军营谒见过卡瑙杰（Kanauj）的戒日王（Harṣa，606–649年），当时后者才刚刚登基。波那将造访的过程写成了一部叙事散文，题为《戒日王传》（*Harṣacarita*）。从中国到印度朝圣的佛教徒玄奘也拜访过戒日王，并称扬他对于多元宗教的宽容态度，以及他的

❶ 见黄宝生《罗怙世系》，第45页。据佛辽若原作中译文，略作修订。——译者注

治国模式。他曾说，戒日王是公正治国的典范，身正自律、兢兢业业，甚至废寝忘食；他经常驻扎在军营，以便巡查帝国的各个角落。诗人波那跋陀便造访了其中一处军营，并用他恢弘的笔调好一番描绘。

《迦丹波利》（*Kādambarī*）可以说是这位天才诗人的旷世杰作，以故事的女主角命名。这是一个极其复杂的虚构故事。以超长句写成，平均一句话有一页，且多数是描述性的内容。故事之所以复杂，部分原因是主角们都经历了好几次轮回，以不同的形态转世出现。其中一次，主人公投胎为一个出口成章的神奇鹦鹉。这只鹦鹉自己说起了温迪亚山脉（Vindhya Hills），那是他诞生的地方。然后有一长段描绘茂密的森林，我们从中摘一小段作为例子，来展现一下波那跋陀诗作的特殊质感。这句话长达一整页。从“[那里]有”（asti）一词开始，以描述的对象“温迪亚山森林”（vindhyātavī）结束。整句句子的主体其实是一系列森林的特质，多达39种。其中的每一种，都构成了修辞迭出的从句。

pūrvāparajalanidhivelāvanalagnā

madhyadeśālaṃkārabhūtā mekhaleva bhuvaḥ

[那温迪亚山脉] 绵延不绝的森林，以东西两滨为界，好像一条严饰中土[1]的锦带。

vanakarikulamadajalasekasaṃvardhitair
ativikacadhavalakusumanikaram
atyuccatayā tārakagaṇam iva śikharapradeśasaṃlagnam
udvahadbhiḥ pādapair upaśobhitā

装点着树木，为野象群的汗珠所浇灌；[树木] 盘悬于山峰之间，有朵朵白花盛放，在高处，好比群星闪耀。

nakhamukhalagnebhakumbhamuktāphalalubdhaiḥ
śabarasenāpatibhir abhihanyamānakesariśatā

那里有成千上百头被猎人头目猎杀的狮子，[他们] 利欲熏心，为了取得卡在狮子爪间那来自野象前额的珍珠。

[1] 此处“中土”并非汉语语境下的中土概念，而是根据原文“中间之地”（madhyadeśa）直译的意思，以往或直接译为“中国”（如《大唐西域记》）。梵语语境中的“中间之地”，大约指今天的中央邦周边，包括温迪亚山区。——译者注

我们需要了解一个常识：印度象的前额有两块凸起，发情的时候会从中流出液体。想象力丰富的诗人利用了这一特点：把大象凸起中物视作珍珠；狮子骑到大象脖子上将其捕杀，并撕开它们的凸起。波那跋陀的意象又更进一步：珍珠卡在了狮子的指爪间，猎人则为了（大象的）珍珠而捕杀狮子；然后，从撕裂的凸起流出来的汁液，又灌溉了树木。这种层层叠加的意象，远比简单的比喻或隐喻复杂得多。当诗人在想象中信马由缰的时候，修辞学家会称其为“奇想”（utprekṣā）或是“夸张”（atiśayokti）。[1] 波那跋陀正是一位庄严手法的大师：

> *candramūrtir iva satatam ṛkṣasārthānugatā hariṇādhyāsitā ca*
>
> 由{熊群-群星}护驾，有{羚羊群-羚羊}居住，而与月球相仿。

这里的修辞是拿月亮来比附森林。二者共同的特点“ṛkṣa”：这是一个多义词，既指熊，又可以指星星。与

[1] 文中出现的印度修辞学术语，包括此处的诗庄严（alaṃkāra）类型，都参考了黄宝生先生在《印度古典诗学》中的译词。——译者注

此同时，复合词“hariṇādhyāsitā”中的（前词）“hariṇa”指羚羊，但它既可以理解为复数，也可以理解为单数。[1]在印度文化中，月球表面的斑驳，或被当作一只兔子，或被视作一只羚羊。

> *giritanayeva sthāṇusaṃgatā mṛgapatisevitā ca*
>
> {树干密布 - 与湿婆结合}，{狮子出没 - 由湿婆侍奉}，因而好比喜马拉雅之女。

此处同样是利用多义词实现修辞。“sthānu”既表示“柱、桩”，也是湿婆名号之一。“mṛgapati”（众兽之王）既指狮子，也同样是湿婆名号之一——他的眷侣，是喜马拉雅雪山的女儿帕尔瓦蒂（Pārvatī）。

> *kva cid aciranirvṛttavivāhabhūmir iva haritakuśasamitkusumaśamīpalāśaśobhitā*
>
> 因绿色的草叶、祭祀用的木材、鲜花、牧豆与紫铆[2]的树叶而熠熠生辉，好似刚刚举行完婚礼的

[1] 因为复合词中的数量，通常是没有明确标记的。——译者注

[2] “śamī”，拉丁学名 Prosopis Spicigera，即牧豆类树。“palāśa”，拉丁学名 Butea Frondosa，即紫铆树。——译者注

地方。

这则比喻不是建立在多义词上的，而是一个词在两种不同的语境中都合乎常理。这一句提到的物件，既是森林中的天然植被，又是婚礼庆典中用到的礼器。

> *kva cid udvṛttamṛgapatinādabhīteva kaṇṭakitā*
>
> {荆棘突出 - 毛骨悚然}，好像被愤怒雄狮的怒吼所惊吓。

这里的手法是“奇想”，利用了一语双关的“kaṇṭakitā”一词：既可以指有突出的荆棘，又指毛骨悚然的生理现象。

> *aparimitabahalapatrasaṃcayāpi saptaparṇopaśobhitā*
>
> 尽管被赋予了浓密无尽的枝枝叶叶，同时又为“七叶树”所点缀。

这里的庄严手法叫作“对立举意”（virodhābhāṣa），是波那跋陀最富原创性的一种用法。初次阅读时，

“saptaparṇa” 似乎就字面意思，指 “七片叶子”，这便与前一句 “无数枝叶” 的说法相违背了。而一旦我们认识到，“saptaparṇa” 的另一个意思是某一种树木的学名 “七叶树”，[1] 两者间的矛盾就化解了。

关于森林的 39 种特点描绘，上述仅举了其中 7 种。在同一长句中，此类从句不断积聚，各类修辞层层累加，于是广博丰富的意象重重叠嶂，令人叹为观止，其魅力不可抗拒。我们仰慕如此博学智慧的诗人。有人或许会问：诗歌的魅力难道仅仅是用大脑获得的吗？对诗歌的敏感度从哪里来？印度的班智达们会说：品味诗歌有三种类型。第一种像是品尝葡萄，马上能够感受到甜味。第二种像是品尝椰子，稍加咀嚼便能发现它的甜头。最高级的一种像是品尝甘蔗，尽管也立马能够吃到甜味，但嚼的时间越长它会越甜。波那跋陀的诗歌属于第三类。它是崎岖困难的，有甘蔗一般的硬度。他的读者必须拥有与之相当的知识储备，反复推敲，去穿透他诗歌中异常浓稠的语言。这样一种理想的读者，便叫作作者的 “同心人”（sahṛdaya）。

---

[1] Alstonia Scholaris，又叫灯台树。——译者注

第二章

18—19 世纪梵语文学在法国的接受

[法] 皮埃尔 – 西尔万 · 佛辽若（Pierre-Sylvain Filliozat）

导　读

不仅是梵语诗歌对法国的文化生活产生过影响，还有梵语戏剧、梵语的宗教与哲学著作。第一部记述梵语文学的法语著作发表于 1740 年，作者是一位耶稣会士让 · 彭斯（Jean Pons，1698–1752 年）。而后，安克蒂尔 · 杜佩隆（Anquetil Duperron）以大无畏的精神研习了《五十奥义书》，梵语哲学的奠基之作，并于 1801–1802 年译出了拉丁文版。它随即就对“思考欧洲”（“thinking Europe”）的潮流产生了影响，其中包括叔本华（Arthur Schopenhauer）等人。这开启了所谓的“东方文艺复兴”，在 19 世纪上半叶可谓产出尤丰。就在这个时候，欧洲第一个正式的、赫赫有名的梵语教席在 1814–1815

年的巴黎诞生了，正值法国历史上最动荡的时代。第一位担任该讲席的教授是安托万－雷奥那·谢齐（Antoine-Léonard Chézy，1773–1832 年）：他将梵语长诗《沙恭达罗》（*Śakuntalā*）译为饶有诗意的法文，广为当时浪漫主义运动的精英们阅读欣赏，甚至一度被执拉尔·德·内瓦尔（Gérard de Nerval）搬上了舞台。吠陀、佛教经典、梵语史诗，在谢齐、欧仁·布尔努夫（Eugène Burnouf）及其弟子弗里德里希·施莱格尔（Friedrich Shlegel）、马克斯·缪勒（Max Müller）及加斯帕雷·格雷西奥（Gaspare Gorresio）等人持续的努力下，在欧洲得到了译介流通。其影响之深远，可以在 19 世纪后半叶的勒贡特·德·李勒（Leconte de Lisle）和维克多·雨果（Victor Hugo）等人身上一览无余。尽管后者的时代叫作“被遗忘的印度”，但这个说法其实有失公允。因为事实上，在马拉美等后世作家之中，梵语文学的余音仍然绕梁不绝。

开端：耶稣会传教士

关于梵语在法国的接受，首先会引发这样一系列问题：从什么时候开始接受？程度如何？是什么范围的文学作品？我们且以思想家之间比较持续的相遇作为真正的“接受”，那便发生在 17 世纪末、18 世纪初。法国国王路易十四和他的大臣让 – 巴普蒂斯特 · 科尔贝尔（Jean-Baptiste Colbert，1619–1683 年）发布了一条政策，支持耶稣会士远洋进行科技交流计划。其第一个目标，便是收集地理和天文数据，以提高航海导航的水平。随后，国王图书馆（Bibliothèque Royale，今法国国家图书馆）的总监，修道院院长阿贝 · 比尼翁（Abbé Bignon，1662–1743 年）为这项计划增添了文学一项，即在传教士所在地搜罗文学类的图书或写本。1726 年，一位法国的耶稣会士，让 · 彭斯（Jean Pons，1698–1752 年）抵达了印度，并寓居于此至其生命的尽头。他在孟加拉收集到 200 多种贝叶写本，都是最有代表性的梵语文学作品。他学习了梵语，并用孟加拉字体书写了一部拉丁语的梵语文法（图 5）。然后，他又编写了一部梵语 - 拉丁语词典。1734 年，他将考察所得全部寄回了位于巴黎的国王图书馆。[1] 东方写本的目录很快应运而生。巴黎的国王

[1] Pierre-Sylvain Filliozat, *A l'origine des études sanscrites La Grammatica Sanscritica de Jean François Pons S. J.*, “Introduction” , Académie des Inscriptions et Belles Lettres, Leuven : Peeters Publishers, 2020.

图书馆是面向文化人士开放的。这是当时在欧洲唯一一个能够获得梵语知识、获取大量梵语文学典籍的地方。1740年，让·彭斯用法语简述了梵语文学的不同分支，包括修辞的、宗教的、哲学的和科技的文献。这篇文章收录于广为流传的《启示文典》(*Lettres Edifiantes*)。[1]这一切，是通过法国传教士和当地学者的相遇而实现的。

然而，这位法国学者并没有提起过那些当地线人和老师的名字。他只说他们是婆罗门。众所周知，18世纪的时候，知识产权的观念还很模糊，也没有实在的法律支持。一位泰米尔语翻译在本地治里法庭就遭受了不公（18世纪的本地治里[2]是法属殖民地）。他的名字叫马里达斯·毕莱（Maridas Pillai，1721–1796年）。他不仅通晓泰米尔语语言和文学，并且法语水平出众。当时他准备将一部泰米尔语版本的《薄伽梵往世书》(一部重要的印度教神话集）译成法语。然而，他的手稿被当时造访的一位法国博物学家弗歇·奥伯松维耶（Foucher

❶ *Lettres édifiantes et curieuses concernant l'Asie, l'Afrique et l'Amérique*, édition Aimé-Martin, tome II, Paris : Mair et Fournier, 1841.

❷ 法语中作 Pondichéry，英语作 Pondicherry 或 Puducherry。——译者注

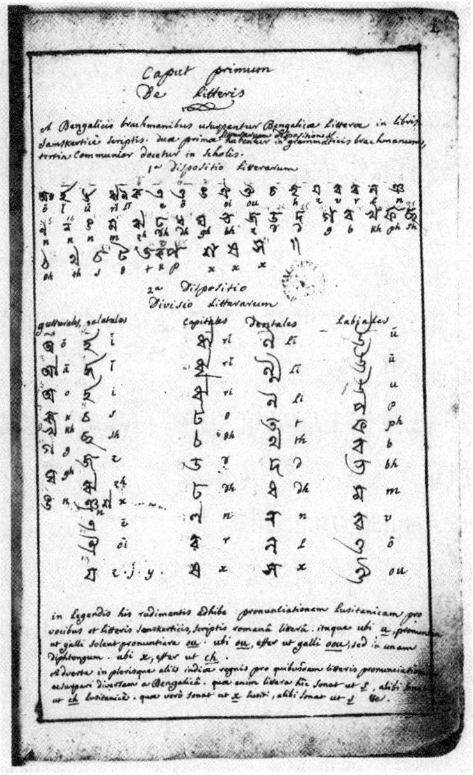

图 5.《彭斯梵语语法》字母表

d'Obsonville，1742–1802 年）获得，后者篡改了原始手稿的几处细节之后，竟于 1788 年在巴黎匿名出版了这部译作。[1]

18 世纪有大量关于印度民俗、宗教的游记或论著面世，它们之中大多信息匮乏、立场偏狭。相较而言，彭斯和马里达斯的作品其实是相当充实可靠的。虽然他们的著作体量不大，影响力也因此受到了限制，但仍靠其忠实的记录启迪读者。在一个吠陀和阿维斯塔文学的真实性本身都遭到怀疑时代，他们是亲证者，并通过自己的工作证明了其重要性。

当时的巴黎国王图书馆，有一位年轻有志的图书馆员叫亚伯拉罕 · 亚森特 · 安克蒂尔 · 杜佩隆（Abraham Hyacinthe Anquetil-Duperron，1731–1805 年），他看到了一张写有零星阿维斯塔字母的残片。于是，他决定前往印度寻找其全本，发誓要将原书带回到国王的图书馆。1754–1762 年，他在印度行游，花了 7 年时间探险、学习。他住在苏拉特（Surat），跟一位帕西学者德斯徒 · 达拉博（Destur Darab）学习了巴列维语（Pahlvi）和古伊朗语（Old-Iranian）；获得了古伊朗主要经典的写本，并

[1] *Bagavadam ou Doctrine divine, ouvrage indien, canonique ; sur l'Être Suprême, les Dieux, les Géans, les Hommes, les diverses parties de l'univers*, &c., Paris : Veuve Tilliard, Clousier, 1788, lxiv & 348 pages.

着手翻译。他还记录下了他从南亚次大陆东部到南部、又从南部到西部的一路观察。他实现了关于伊朗经典的诺言：1771年，他翻译的《阿维斯塔》（*Avesta*）问世了。❶其第一卷讲述了他的旅途见闻。❷在很多方面，这都是一部关于印度文化与生活独一无二的档案：不仅俱有较高的文学质量，还为我们呈现了作者个性的动人画卷。由于政治环境的压力，安克蒂尔·杜佩隆不得不返回法国，他在印度的第二部分计划，即研习吠陀便因此搁浅。回到巴黎后，他被任命为国王图书馆的管理员，并成为法兰西文学院（Académie des Inscriptions & Belles-Lettres）的一员。于是，他全心扑在梵语研究上。后来，他获得了莫卧儿王子达拉·舒科（Dara Shukoh，1615–1659年）编纂的《五十奥义书》。奥义书是吠陀经典系统的哲学部分。安克蒂尔·杜佩隆准备了一部法语

---

❶ Anquetil Du Perron, *Zend-Avesta, ouvrage de Zoroastre*, Paris: Tilliard, 1771, 3 volumes. 从赞德阿维斯塔直接译出，进行了注释，并为了澄清部分内容补充了其他材料。其中囊括了其神学、立法者的伦理，当时已有的宗教庆典活动，以及不少关于古波斯历史的相关细节。

❷ Anquetil Du Perron, *Voyage en Inde 1754-1762 relation de voyage en préliminaire à la traduction du Zend-Avesta*, présentation, notes et bibliographie par Jean Deloche, Manonmani Filliozat, Pierre-Sylvain Filliozat, Ecole française d' Extrême-Orient,Paris : Maisonneuve & Larose, 1977.

翻译，但他自己并不满意。法国大革命期间，他又重新把它写成了拉丁语，并于1801–1802年出版。[1] 这是一位老人，在完全克己的生活中，贡献整整一生研习了宗教哲学经典之后所完成的精诚之作（见图6）。他如此欣赏印度经典的思想高度，甚至效仿印度圣贤的出世生活，自

图 6. 安克蒂尔 - 杜佩隆肖像

---

[1] *Oupnek'hat (id est, Secretum tegendum) opus ipsa in india rarissimum*, ad verbum, e Persico idiomate, Samskreticis vocabulis intermixto, in Latinum conversum; et notis, difficiliora explanantibus, illustratum studio et opera Anquetil Duperron indicopleustæ, Strasbourg : Levrault, 2 volumes, 1801-1802.

称“塞纳河边的遁世修行者（sannyāsī）”。可以说，对印度文化的接纳，无出其右者。而他也因此在 19 世纪初掀起了一波青睐东方文学的风尚。

安克蒂尔·杜佩隆作品的影响力相当之大，不仅在法国，还遍及整个欧洲。尽管他翻译的《奥义书》并不好读，但在学者中仍然广为传阅。该作对德国哲学家叔本华（Arthur Schopenhauer，1788–1860 年）的影响便是众所皆知的。现在，我们来考察一下这一影响在接受方文化中，究竟达到了什么程度。安克蒂尔·杜佩隆所呈现的奥义书是客观而道地的，他准确地强调了“真实”的两个方面：一方面是世俗经验，它必然导致往复轮回中的痛苦；另一方面是纯粹精神，当人从轮回中解脱时，它带来纯粹的喜悦。然而，叔本华只保留了前者的悲观想法，而对轮回与解脱却是一带而过。这何尝不是其固有性格对印度思想的反映？身处浪漫主义时代——一种思想和诗歌的风潮，提倡围绕个人情感的抒情笔调，在明暗间倾向于生活忧伤的，甚至是抑郁或绝望的一面——它兴于德国，在 19 世纪上半叶进入并主导了法国思想界。

另一位有趣的人物是男爵埃克斯坦（Baron d’Eckstein,

1790–1861 年）。他出生于丹麦，在德国接受教育，然后寓居法国。他学习了梵语，对印度文学与神秘主义趋之若鹜。在浪漫主义精神的引导下，他成为疏通东方与浪漫主义思想的重要渠道，把二者推介到科学家、哲学家、作家和戏剧家等广大的读者之中。他的社交生活非常活跃，几乎认识巴黎知识界的每一个人。他通过对东方语言与文学的追求，持续不断地倡导“东方文艺复兴”（Oriental Renaissance），并因此获得“梵语男爵”（Baron Sanskrit）的美称。

法兰西学院梵语教席

我们不应夸大“东方文艺复兴”概念对欧洲的影响力，不过它确实落地生根了。值得注意的是，就在法国历史最动荡的几年中，梵语和汉语讲席分别在法兰西学院成立了（1814–1815 年），这是巴黎最负盛名的研究机构。安托万 – 雷奥那 · 谢齐（Antoine–Léonard Chézy, 1773–1832 年）受命担任首位梵语讲席教授（见图 7），而让 – 皮埃尔 · 阿贝尔 – 雷米萨（Jean–Pierre Abel-Rémusat,

Institut Royal
de
France
DE CHÉZY,
(Antoine-Léonard.)
Membre de la légion d'honneur,
Lecteur royal au Collège de France.

图 7. 谢齐肖像

1788–1832 年）则成为汉语和满洲语的讲席教授。该梵语教席在当时可是印度境外唯一的一处，巴黎也因此成了欧洲的梵语研究中心。

谢齐不仅因其欧洲第一位梵语教授的身份而闻名，他还翻译了四世纪梵语桂冠诗人迦梨陀娑（Kālidāsa）的梵语戏剧杰作《沙恭达罗》（*Abhijñāna-Śakuntalā*，即“认出沙恭达罗”）。❶ 故事的女主角叫沙恭达罗，是一位仙人 ❷ 的女儿，在此世一处净修林中长大。男主角则是豆扇陀王（Duṣyanta），一位神话中的国王，他在人天两界都与天神联合打击恶魔。两人陷入了热恋。然而，由于一则诅咒，国王遗忘了沙恭达罗。他们分离了好一段时间，在此期间，两人的儿子诞生了，并在净修林中被抚养长大。见到了自己的儿子以后，豆扇陀王恢复了记忆，认出了沙恭达罗。他们的儿子便是“婆罗多”（Bharata），

---

❶ *La reconnaissance de Sacountala, drame sanscrit et pracrit de Calidasa*, publié pour la première fois, en original, sur un manuscrit unique de la Bibliothèque du Roi, accompagné d'une traduction française, de notes philologiques, critiques et littéraires, et suivi d'unn appendice, par A. L. Chézy, Paris : Dondey-Dupré, 1830.

❷ 在印度传统文化的语境中，仙人（ṛṣi）指能够获得天启的圣人。——译者注

印度帝王的典范，他的国家也因此沿用了他的名字——即在梵语传统中叫作“婆罗多国”（Bhārata-varṣa）。而信度（Sindhu），即“印度”，则是其西边邻国的名字。经过迦梨陀娑的加工，这则神话成了一出人间戏剧：不停流溢出生动的情感瀑流，而其背后则是各种微妙的心理状态。《沙恭达罗》的表达是优雅、高贵而唯美的，它真挚、宁静而崇高，每一刻都能牢牢勾住读者的心弦。[1]

浪漫主义的一个显著特征，就是注重强烈的人类情感。对这一诉求而言，《沙恭达罗》恰恰提供了最令人满意的题材。法国诗人阿方斯·德·拉马丁（Alphonse de Lamartine，1790–1869年）虽然与印度文化沾不上边儿，但读到了谢齐的翻译后，由于感同身受而被深深打动，与古代的作者达到了精神上的契合。拉马丁是一位出身贵族家庭的浪漫主义诗人（见图8），他歌咏爱的喜悦、孤独的忧伤，通过大量动听的诗句表达人类宗教性的渴望。他同时还是一位产量颇丰的散文作家，涉猎广泛，包括历史等主题。他甚至还短暂地涉足了第二共

---

[1] 中译本请见季羡林译，《沙恭达罗》，人民文学出版社，1980年。——译者注

图 8. 拉马丁肖像

和国 1848 年建国的事宜。退休后，他以一月一讲的速度，写成了《文学随讲》(*Cours familier de littérature*)，于 1856–1869 年间共出版了 28 卷。[1] 其中既有阅读琐记，也有对往昔作者的回忆和个人感受。1856 年的第三讲，他专门谈了梵语文学，包括他所接触到梵语史诗，如《摩诃婆罗多》(*Mahābhārata*)、《罗摩衍那》(*Rāmāyaṇa*)，以及一些戏剧作品的翻译片段。谢齐翻译的迦梨陀娑《沙恭达罗》似乎成了拉马丁最难忘的审美体验之一。他尤为欣赏其中纯真与坦诚的创作动机，以及一以贯之的崇高理念。他有这样一段话概括：

> *La vertu, et non la passion, est le but moral des drames poétiques de l'Inde ; leur poésie, plus philosophique que la nôtre, tend à calmer l'âme du spectateur, et non à la troubler. L'équilibre des sensations, qui est la santé de l'âme, y est promptement rétabli après les péripéties modérées de la curiosité.*
>
> 美德，而非激情，才是印度叙事诗的伦理目的。他们的诗歌比我们的更有哲学意味：总是试图安

[1] Lamartine, *Cours familier de littérature*, Paris, 1856-1869. 这本书当年由作者自费出版。

抚读者的灵魂，而不是挑逗/激怒他们。在些许的纠葛和迂回后，感受上的平衡，这种有益于灵魂的状态，总是迅速得到回归。

19世纪最初的几年中，对于印度文化，产生了一种前沿的研究方法：要揭示一种精致的文明，必须采取一种科学的、条理清晰的路径[1]。这条路径由欧仁·布尔努夫（Eugène Burnouf，1801–1852年）探索而得（见图9）。他从未到过印度，却研究了被带到欧洲图书馆的各种材料——在当时来说，其体量着实令人瞠目。他的作品总是清晰透彻，这仰赖于他敏锐的洞察力。他掌握了古伊朗语、梵语、巴利语和俗语，并积极参与到破解古波斯和婆罗米字体的工作中。布尔努夫的主要成就，是基于巴利语和梵语资源，将《法华经》（*Saddharmapuṇḍarīka*）[2]译成法文，重新呈现了佛教；又通过《薄伽梵往世书》（*Bhāgavata Purāṇa*，即“关于克

[1] 即指语文学的方法。——译者注

[2] Eugène Burnouf, *Le Lotus de la bonne loi*, traduit du sanscrit, accompagné d'un commentaire et de vingt et un mémoires relatifs au buddhisme, Paris : Imprimerie nationale, 1852.

图 9. 布尔努夫肖像

里希纳的史诗”）[1] 的法文译本，揭示了印度教。他正是法兰西学院梵语教席的第二位继任者。他的两位弟子也贡献巨大：其一是德国学者马克斯 · 缪勒（Max Müller，1823–1900 年），他校订了《梨俱吠陀》（*Ṛgveda*）；其二是意大利学者加斯帕雷 · 格雷西奥（Caspare Gorresio，1808–1891 年），他翻译了《罗摩衍那》。

---

[1] Eugène Burnouf, *Le Bhâgavata Purâna ou histoire poétique de Krichna*, 3 tomes, Paris : Imprimerie nationale, 1840-1847.

浪漫主义与梵语文学

到19世纪中叶，法国知识精英界已经可以获得上述文学作品，诗人和作家们得以了解到一幅纯正的印度画卷。但他们并非科学工作者，通过变形、转化，他们将印度的图景融入自己的世界当中，并刻上了个人印记。在19世纪文学思潮的影响下，印度文学的遗产可以透过对如下几位诗人：拉马丁、雨果、李勒、马拉美和阿波里奈尔等进行窥视。

维克多·雨果（Victor Hugo，1802–1885年）是最为多产的法国国民诗人（见图10），代表着法国文学界的浪漫主义浪潮，表现在两个方面：即阴郁的和史诗性的。1852年，拿破仑三世当权后，他被驱逐到泽西岛（Jersey Island）。那是他一生中的至暗时刻，其诗歌充满着一种绝望的心境。他曾经在一个叫作罗泽尔（Rozel）的地方，以岛屿的暗礁为冥想对象。想象力把他带到了面向海洋的礁石之尖，在观想中，他听到了关于人类处境的絮语。这首诗叫作《黑暗之口所言》（*Ce que dit la bouche d'ombre*），充斥着各种文化中的末世观念，其中也包括印度的一种，如下偈说：

Et tout, bête, arbre et roche, étant vivant sur terre,
Tout est monstre, excepté l'homme, esprit solitaire ;
L'âme que sa noirceur chasse du firmament
Descend dans les degrés divers du châtiment
Selon que plus ou moins d'obscurité la gagne.
L'homme en est la prison, la bête en est le bagne,
L'arbre en est le cachot, la pierre en est l'enfer.
…
Car le monstre est tenu, sous le ciel qui l'éprouve,
Dans l'expiation par la fatalité.
Jadis, sans la comprendre et d'un œil hébété,
L'Inde a presque entrevu cette métempsycose.[1]

一切——野兽、木石，地上的活物——
都是怪物，除了人类，那遗世独立的心灵；

---

[1] Victor Hugo, *Les contemplations*, Paris, 1856.

灵魂由其自身的晦暗从天堂驱逐，

落在轻重有别的惩罚之中，

据其黑暗的胜算来执行。

人是监狱，动物是圜土，

树木为地牢，石头是她[1]的地狱。

……由于猛兽被擒，

在呼之欲出的苍穹之下，以死亡赎罪。

许久以前，虽蒙昧未开，

印度几已构想出这般轮回。[2]

---

❶ 指灵魂，在法语中灵魂“*âme*”是阴性的。——译者注

❷ 根据法语及本文原作者的英文译出，另参考《雨果文集》第9卷（下），《静观集》最后一首《黑暗的大口在说话》，程曾厚译，人民文学出版社，2002年，第588页。

图 10. 雨果肖像

雨果在此自鸣得意地发挥了惩罚原罪的戏剧性，把它描述为一种“堕落”：尘世的造物，不论有无生命，都丑陋不堪，束缚了自由永恒的灵魂。他将整个自然世界视为对不同程度罪恶进行惩罚的执行者。他提及了轮回，一种灵魂的图景：灵魂犯下什么程度的罪，便受到什么样的惩罚。事实上，印度的轮回观念与此略有不同。他们认为，任何与意识活动密切联系的活动，都会在灵魂上留下一种印迹。这些印迹统摄到一起，又生成出一种新的行为模式。事实上，在印度文化的语境中，轮回是一种自动的再生机制。确切来说，这种再生并不是惩罚，而是前因结下的果，其善恶黑白，取决于因的性质。换言之，关于轮回，印度提供了一种合乎逻辑、黑白分明的图景。而雨果在苦难的咬噬之下，其实是借此呐喊咆哮。这也解释了他完全黑暗、消极的轮回观，与印度那种理性的因果原则并不相同。然而，我们仍然无法解释他凭什么断定印度“蒙昧未开”！

雨果同时也受到史诗气概的启发，这是浪漫主义思潮的另外一个组成部分。在其晚年相对静好的岁月里，他创作了一系列基于《圣经》故事和其他史诗的英雄组诗。他对《由谁奥义书》（*Kena-Upaniṣad*）当中，解释哲理诗的长行部分所叙述的故事青睐有加。三位天神：伐由（Vāyu，风）、阿耆尼（Agni，火）、因陀罗（Indra，空）都宣称了自己至高无上的地位。这时，一道“有双眼”的光骤现。伐由称自己能够移动任何东西，这道光便让他挪动一把草，而伐由失败了。阿耆尼扬言自己能够燃烧任何东西，却同样未能烧掉一小把草。然后，因陀罗作为无垠的空间，宣称能够看见一切：

Sous moi la vie obscure ouvre tous ses registres ;
Je suis le grand voyant des profondeurs sinistres ;
Ni dans les bleus édens, ni dans l'enfer hagard,
Rien ne m'échappe et rien n'est hors de mon regard.
…
Étant l'énormité, je vois l'immensité;
Je vois toute la nuit et toute la clarté;
Je vois le dernier lieu, Je vois le dernier nombre,
Et ma prunelle atteint l'extrémité de l'ombre.
…
Lumière, je te dis que j'embrasse tout l'être ;
Toi-même, entends-tu bien, tu ne peux disparaître

De mon regard, jamais éclipsé, ni décru !

A peine eut-il parlé qu'elle avait disparu.[1]

“在我之下，晦暗的生活展开了他所有的迹象；

我是不幸深渊的伟大预见者；

既非在蓝色的伊甸园中，也不在凄冷的地狱之中，

没有任何东西逃脱我，没有任何东西走出我的视线。

……

作为一个巨人，我看见辽阔；

我看见整个黑夜和整个光明；

我看见你最后一隅；

我看见最后一个数字；

我的眼眸抵达了黑暗的尽头。

……

哦，光！我告诉你，我拥入整个存在；

即便是你，谛听谛听，你也不可能从我的视线消失，绝不可能逃逸，不可能消减。”

话音刚落，它，消失了。

---

[1] Victor Hugo, *La légende des siècles*, Paris, 1883.

雨果对原奥义书稍稍做了一些改变。不过他抓住了这一神话的精髓，并有力地表达出了它所显示的博大。尽管这个场景以维克多·雨果特有的感染力和风格做了戏剧性的改编，但仍忠实地接受了印度的理念。他用绵软的法语转译出梵语的铿锵，并通过创作转变了语言本身的力度，雨果在这一点上恐怕是独一无二的。

自由诗与梵语文学

19世纪下半叶，当浪漫主义势头日趋衰微的时候，一种名为“高蹈派”（Parnasse）的新思潮围绕着勒贡特·德·李勒（Leconte de Lisle，1818–1894年）展开。这一运动有意远离浪漫主义的抒情宣泄，而强调为了艺术而艺术的理念。勒贡特·德·李勒（见图11）出生于法属留尼旺岛（Reunion Island）。地处印度洋中，当地有大量的印度移民群体。不过，李勒与移民文化的接触可能甚少。他年轻时便离开了留尼旺岛，在法国本土接受的教育，并一直在那生活直至去世。他很晚才着手写诗，

图 11. 勒贡特 · 德 · 李勒肖像

因其诗集《古老的诗》(*Poèmes antiques*)而被铭记。其中便有一些明显取材自梵语神话的作品：包括印度诸神的名字、仙人和英雄，不过仅仅是名字，而无其精神。通过一种高贵的口吻，这些诗勾勒出一幅印度神话的异域骨架。但淋漓尽致的印度想象力，在此让位给了一种平静的、精心打磨出来的诗句。一个例子便是《献给太阳神的吠陀赞颂》（*Sûryâ hymne védique*）：

Ta demeure est au bord des océans antiques,

Maître ! Les grandes Eaux lavent tes pieds mystiques.

...

Guerrier resplendissant, qui marches dans le ciel

À travers l'étendue et le temps éternel ;

Toi qui verses au sein de la Terre robuste

Le fleuve fécondant de ta chaleur auguste,

Et sièges vers midi sur les brûlants sommets,

Roi du monde, entends-nous, et protège à jamais

Les hommes au sang pur, les races pacifiques

Qui te chantent au bord des océans antiques !

你的居所，在古老的大洋岸上，

神啊！汪洋洁净你神圣的双脚。

……

光芒四射的勇士啊，[你]在空中迈步，

跨越空间与永恒；

你在坚实的土地中倾注
滋养万物的河流，那是你威严的热烈；
正午之时，你坐在燃烧的山巅，
天下之君啊，但愿你听到并永远保护我们，
这些血脉纯正、爱好和平的种族，
唱颂着你在古老汪洋岸边的荣耀！

高蹈派转瞬即逝。很快，为了抨击小资情调的学究气，另一种文学运动兴起了，由斯特凡那 · 马拉美（Stéphane Mallarmé，1842–1896 年）等人引领。马拉美是一众诗人、作家、画家和音乐家的中心角色，他们每周二在其居所聚会。这批人终结了 19 世纪文学，开启了当代法国文学的潮流。马拉美从高蹈派那里继承了典雅的形式，但抛弃了种种界限的束缚，逐步奔向更广阔的自由。在他看来，语词本身具备一种隐秘的诗意，超出了它的通常意涵，而诗人恰恰有能力将其揭示出来。换言之，诗人能够强化语词的形式感和音乐性，使之升化为一种新的实体。有一幅画家马奈创作的马拉美肖像（见图 12）：他强调一种自由的技法，将色块并置在一起，由此赋予其彩色笔触一种独立性，转译出新型诗歌中语

图 12. 马奈所作的马拉美肖像

词形式的独立性。马拉美曾围绕着“印度”（Inde，印度的法语名）一词写过一首诗歌，可以作为其诗作技巧的绝佳案例：

Au seul souci de voyager

Outre une Inde splendide et trouble

Ce salut soit le messager[1]

Du temps,...

向旅行者仅有的牵挂——

超越那绚烂又暧昧的印度，

——问候，愿此作为时光的

信使……

诗人并没有试图描绘印度，或是一个遥远的东方国度美丽又朦胧的景象。事实上，这首诗歌是马拉美受邀为瓦斯科 · 达 · 伽马（Vasco da Gama，约 1460–1524 年），第一位通过海陆抵达印度西岸（今喀拉拉邦）的葡萄牙人而写的。这很可能是他的最后一首诗，发表于 1898 年，在这位航海家四百年诞辰的纪念文集中。“印度”之名在作者的灵魂中激发起了一种探索新大陆的心境，一种不安的好奇，一种既壮美又晦涩的感觉。“超越”可能指向了远东，超出了印度本土，也或许表达的是一种绵延而强烈的好奇之心，一种不断前往更远处的渴望。在此，“暧昧”并不是印度的特征，而是说对这

---

[1] Stéphane Mallarmé, *Œuvres complètes*, Pléiade, Paris, Gallimard.

一国度知之甚少的认知状态。“印度”（Inde）这个词的发音本身，似乎也导向了“绚烂又暧昧”（splendide et trouble）的发音。

我们应当记住，马拉美对印度文学和文化的了解，并不是直接的，而有赖于玛丽·妃珑（Marie Filon，1842–1902年）。她是菲利浦－爱德华·福科（Philippe-Edouard Foucaux，1811–1894年）的妻子，后者是法兰西学院的藏语与佛教学教授。她用玛丽·莎莫（Mary Summer）的笔名写作了几部关于佛教和印度神话的畅销书，其中包括一部印度故事集《古代印度的故事与传奇》（*Contes et légendes de l'Inde ancienne*）[1]。马拉美其实只是把玛丽写下的故事，用他个人的、极富音乐感的散文笔调重新组织了一番。

马拉美留给20世纪的，是诗歌中的自由和音乐。我们将以吉洛默·阿波里奈尔（Gillaume Apollinaire，1880–1918年）一首动人的小诗作为结尾（见图13）。阿波里奈尔好读冷僻书籍。谢齐的《沙恭达罗》译本或许到过他的手上。在他1903年创作的《无人所爱者之歌》

[1] Mary Summer, *Contes et légendes de l'Inde ancienne*, Paris : Leroux, 1878.

图 13. 阿波里奈尔肖像

（*Chanson du mal-aimé*）中，提到了爱人离别后的重逢。他写下了音调怀旧的一节，正是豆扇陀王再次遇见沙恭达罗的场景，也是迦梨陀娑那部戏剧的最后一幕。这或许是迦梨陀娑的旷世天才对一位天赋异秉的法语诗人，最真切的影响。

L'époux royal de Sacontale
Las de vaincre se réjouit
Quand il la retrouva plus pâle
D'attente et d'amour yeux pâlis
Caressant sa gazelle mâle[1]

沙恭达罗那高贵的伴侣，
早已厌倦胜利，却在寻得
日见苍白的伊人时，万般欣喜，
向她那失去期盼与爱的暗淡双眸中，
投以他公羚羊般爱抚的目光。

[1] Guillaume Apollinaire, *Œuvres poétiques*, Pléiade, Paris : Gallimard, 1956.

第三章

印度艺术与建筑的演变
——以卡纳塔克地区为例

[法] 婆苏闼拉 · 卡瓦利 - 佛辽若（Vasundhara Kavali-Filliozat）

导　读

如今我们常见的印度教神庙布局，主要来自 16 世纪的设计。而形成这种格局，其实是从 5—6 世纪开始，经历了漫长的演变过程。本文将沿循时间的轨迹，在历代王朝和宗派思想史的背景下，通过卡纳塔克邦境内的具体案例，对这一段建筑史的发展历程进行勾勒。我们会发现，神庙从最核心的胎室结构，到外围的山门等形式，都发生了巨大的变化，不论是尺寸、材质、建筑模块的组合方式，还是具体供奉的神像或装饰元素。这一方面体现了不同朝代的审美倾向，另一方面则有复杂的神学思想作为理论背景。

在印度教的传统观念里，存在着一种统治、掌管万物的宇宙能量，没有人能够构想象出它的（具体）模样。但是，人类心灵具备创造和感知事物的能力，由它赋予这“创造者”以形象——它是宇宙能量的守护者，我们称其为神，“神”如国王一般守护着世界。❶因此，他也得像国王一样，拥有一处宫殿。神的住所在英语中是 temple，汉语中是“庙”；在印度，它叫 devālaya

图 14. 亨比广目王寺庙建筑群

❶ 梵文中常见的“国王”一词，如 bhūpa, pṛthivīpati 等，字面意思都是土地、疆域的主人、守护者。——译者注

mandira，即“神之居所”。像国王的宫殿一样，中心圣所的周边，还有诸多次级的神龛或亭阁（见图 14）。好比侍奉朝廷的王公将相比邻而居，侍奉神宇的大小殿阁也环绕其周。

卡纳塔克地区简史

印度地大物博，每一个地区都有自己的寺庙艺术和建筑样式。卡纳塔克（Karnataka）属于南印度诸邦之一，坎纳达语（Kannaḍa）既是当地的官方语言，也是当地人的日常用语。作为达罗毗荼语系的一支，坎纳达语文学源远流长、内容丰富。但由于资料的匮乏，我们实际上很难追溯到公元 8 世纪以前坎纳达语文学的历史。好在铭文见证了这一古老的语言，约可上推至公元 5 世纪。不过，卡纳塔克地区的历史应该说始于孔雀王朝（Maurya）的阿育王（Aśoka）时期，尽管他并非此地的直接领主：他是整个婆罗多（印度）乃至“大婆罗多”（Bṛhadbhārata，包括印度及尼泊尔等）的帝王，使

图 15. 巴达米遮娄其时代的石柱铭文

用四方通用的俗语（Prākṛta）在各地颁布法令。[1] 而百乘王朝（Śātavāhana）继之又沿用了这一传统。理论上来说，卡纳塔克的历史始于栋格珀德拉河（Tuṅgabhadrā）南岸的恒伽王国（Gaṅga）[2]，以及同一条河流北面的迦丹巴王国（Kadamba）。但他们的铭文多是梵文（Saṃskṛta）写成的。这是为什么，我们又说真正的卡纳塔克历史、艺术和建筑，始于遮娄其王朝（Calukya，公元 500–757 年）[3]。

遮娄其王朝的首都先后位于巴达米（Bādāmi）、帕塔达卡尔（Pattadakal），以及艾霍莱（Aihole）——现代的历史书籍中，它多以“巴达米 - 遮娄其王朝”（Bādāmi Calukya）的名字出现。遮娄其的军队向北打通了卡瑙杰（Kanauj）的戒日王朝（Harṣavardhana），向南则打到了建志城的帕拉瓦王朝（Pallavas）。而这些军事内路沿途，最终造就了不同艺术与建筑要素的美满结合（见图 16）。

---

❶ 即我们熟悉的阿育王石柱法敕。——译者注

❷ 原作的梵语拼写经常简化鼻音连音（sandhi），如此处的 Gaṅga 拼作 Gaṃga。这在正字法上是允许的。但是为了读者查询辞书方便，译文将提供考虑鼻音连音的标准化拼写。——译者注

❸ 意即遮娄其有别于前朝，开始使用古卡纳达语书写铭文，因而可以视作卡纳塔克历史的开端。——译者注

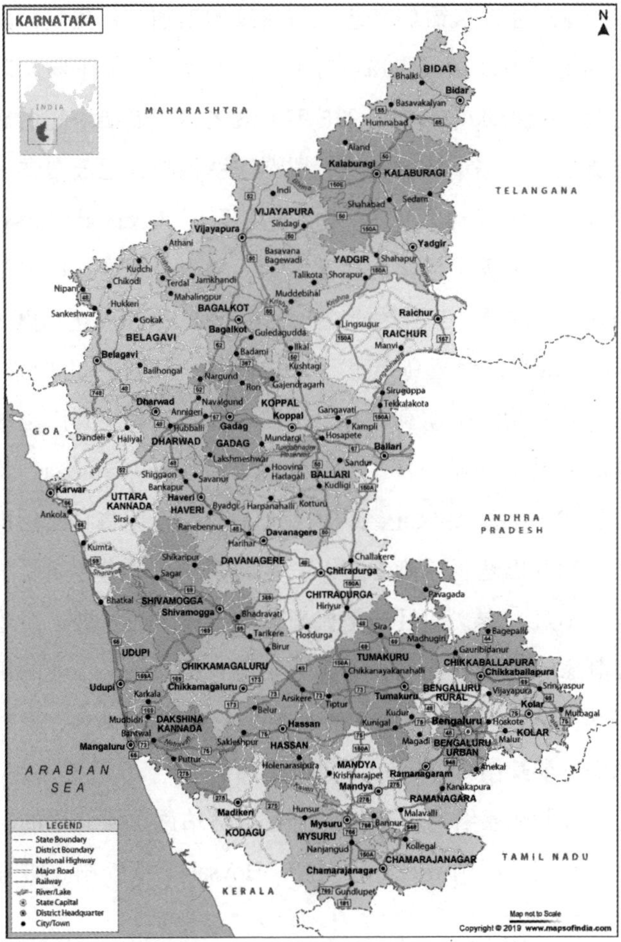
KARNATAKA
N
INDIA
MAHARASHTRA
TELANGANA
ANDHRA PRADESH
TAMIL NADU
KERALA
GOA
ARABIAN SEA
BIDAR
Bhalki
Bidar
Basavakalyan
Humnabad
Aland
Kalaburagi
KALABURAGI
Indi
Shahabad
Sedam
VIJAYAPURA
Sindagi
Vijayapura
Yadgir
Athani
Basavana Bagewadi
YADGIR
Shahapur
Kudchi
Talikota
Shorapur
Nipani
Chikodi
Terdal
Jamkhandi
Mahalingpur
Muddebihal
Sankeshwar
Hukkeri
BAGALKOT
Raichur
Gokak
Bagalkot
Guledagudda
Lingsugur
BELAGAVI
RAICHUR
Belagavi
Badami
Ilkal
Manvi
Bailhongal
Kushtagi
Nargund
Ron
Gajendragarh
Siruguppa
Dharwad
Navalgund
KOPPAL
Tekkalakota
Annigeri
Koppal
Gangavati
Hubballi
Gadag
Kampli
Dandeli
Haliyal
DHARWAD
GADAG
Mundargi
Hosapete
Ballari
Lakshmeshwar
Sandur
Hoovina Hadagali
BALLARI
Shiggaon
Savanur
Kudligi
Karwar
Bankapur
UTTARA KANNADA
Haveri
Ankola
HAVERI
Byadgi
Harpanahalli
Kotturu
Sirsi
Ranebennur
Davanagere
Kumta
Harihar
Shikaripur
DAVANAGERE
Challakere
Chitradurga
Sagar
Pavagada
Bhatkal
SHIVAMOGGA
CHITRADURGA
Shivamogga
Bhadravati
Hiriyur
Sira
Tarikere
Hosdurga
Bagepalli
Madhugiri
Birur
Gauribidanur
UDUPI
TUMAKURU
CHIKKABALLAPURA
CHIKKAMAGALURU
Chikkaballapura
Chikkanayakanahalli
Udupi
Chikkamagaluru
BENGALURU RURAL
Srinivaspur
Tumakuru
Vijayapura
Karkala
Arsikere
Tiptur
Kolar
Mulbagal
Belur
Kudur
Mudbidri
DAKSHINA KANNADA
Hassan
Kunigal
Bengaluru
Hoskote
KOLAR
Bantwal
Malur
Mangaluru
Sakleshpur
HASSAN
Magadi
BENGALURU URBAN
Puttur
MANDYA
Anekal
Holenarasipura
Krishnarajpet
Ramanagaram
Mandya
Kanakapura
RAMANAGARA
Madikeri
Hunsur
Malavalli
Mysuru
Bannur
KODAGU
MYSURU
Kollegal
Nanjangud
CHAMARAJANAGAR
Chamarajanagar
Gundlupet
LEGEND
State Boundary
District Boundary
National Highway
Major Road
Railway
River/Lake
State Capital
District Headquarter
City/Town
Map not to Scale
Copyright © 2019 www.mapsofindia.com

图 16. 卡纳塔克邦地图

逐次称耀卡纳塔克艺术与建筑的王朝，首先是巴达米的遮娄其（公元500–757年）；然后，罗湿陀罗拘陀王朝（Rāṣṭrakūṭa，757–975年）继之，为卡纳塔克的辉煌贡献了浓墨重彩的一笔。罗湿陀罗拘陀的尼波东迦王（Nṛpatuṅga，814年），一名“不空雨王”（Amoghavarṣa）创作了一部关于格律的诗学著作，标志着坎纳达语文学的开端。坎纳达王国[1]的领土日渐扩张，北至戈达瓦里河（Godāvarī），南至高韦里河（Kāverī）。但到10世纪末，罗湿陀罗拘陀王朝衰弱不堪，取而代之、一统其广袤疆域的便是卡利亚纳－遮娄其王朝（Kalyāṇa Cālukya，约建于975年）。铭文记载告诉我们，这一王朝将自己的世系上溯到巴达米－遮娄其，二者的关系在学术界颇受争议。不过，本文的目的是梳理艺术与建筑的发展，对遮娄其家族的谱系我们暂不深究。简单提一句，二者的拼写其实是有差别的：早先的遮娄其王室作Calukya，而后来的遮娄其作Cālukya，后者带长ā。

当卡利亚纳－遮娄其统治着栋格珀德拉河北岸的时候，南部地区则被曷萨拉王朝（Hoysala）所控制。10世

---

[1] 即指当时在罗湿陀罗拘陀统治下的坎纳达王国（Kannaḍa Kingdom）。——译者注

纪，曷萨拉的国王还是遮娄其王朝的封臣，但到了1108年左右，他们就宣布了独立，定都在维拉普拉（Velāpura，今贝卢尔[Belur]）和德瓦剌萨穆德拉（Dvārasamudra，今赫莱比德[Halebīḍu]）进行统治。栋格珀德拉的沿河地带，当时还有巴纳瓦西国（Banavāsideśa），首都在巴里迦维（Baḷḷigāve）。从栋格珀德拉至亨比一路的众多庙宇，都可谓遮娄其建筑的瑰宝，当代历史学者对它们逐一进行了记录和分类。1185年前后，遮娄其的最后一代统治者被来自天山（Devagiri）的塞弗那王（Sevuṇa）推翻。巴纳瓦西始终是这两朝的纷争之地。然而，曷萨拉国王备受前朝寺庙瑰丽建筑的吸引，因此邀请遮娄其的艺术家群体来修建自己的神庙。这些艺术家们则在雕塑上刻下了自己的名字。

1295年左右，来自北印度的穆斯林统治者将目光投向了辉煌的南印度。当时的南印度统治者却对这场飓风毫不知情，最终如纸作的城堡般全军覆没。在这场风暴中唯一幸存的印度教国王，便是曷萨拉·巴腊拉三世（Hoysala Ballāla III），以及他的儿子曷萨拉·巴腊拉四世（Hoysala Ballāla IV）。凭借着这两代君王的努力，并在释林葛里（Śringeri）的秋日宗座（Śāradāpīṭha）智道

（Vidyātīrtha）[1] 的祝福下，一个全新的、统摄整个南部的印度教帝国逐步酝酿了起来。两代巴腊拉国王相继离世之后，卡纳塔克帝国（Karnāṭaka Sāmrājya）于 1346 年成立，以栋格珀德拉沿岸的胜利之城（Vijayanagara）为首都，亦即今天的亨比（Hampi）。它为卡纳塔克的历史与文化更添一笔光辉。在之后的两个世纪中（1346–1565 年），卡纳塔克帝国统治着整个南印度，北至克里希纳河（Kṛṣṇā），南至科摩林角（Cape Comorin），东西由两海围绕。寺庙建筑的艺术长足发展，在此期间达到了顶峰。

---

[1] 相传 8 世纪时，印度教著名的宗教家、哲学家商羯罗（Śaṅkara）在印度四方各建立了一个宗座（pīṭha），东南西北四处分别是：普里的牛兴宗座（Purī Govardhana Pīṭha，今奥里萨邦）、巴德里的火光宗座（Badri Jyotiṣ Pīṭha，今北阿坎德邦）、释林葛里的秋日宗座（Śṛṅgēri Śārada Pīṭha，今卡纳塔克邦）、德瓦尔卡的秋日宗座（Dvāraka Śārada Pīṭha，今古吉拉特邦）。合称为“四大正统宗座”（Caturāmnāya Pīṭha）。然而实际上，释林葛里与此相关的铭文，不早于 14 世纪。参见 Hermann Kulke, “Maharajas, Mahants, and Historians: Reflections on the Historiography of the Early Vijayanagara and Sringeri”, in *Vijayanagar: City and Empire*, ed. A. L.Dallapiccola, pp. 120-43. Stuttgart: FranzSteiner Verlag, 1984; Nobuyoshi Karashima, *A Concise Hisory of South India*, University of Oxford, 2014, p.149. 这里提到的智道（Vidyātīrtha）和后文将涉及的智林（Vidyāraṇya）是释林葛里当地两位权重位高的宗教领袖。——译者注

宗教：毗湿奴与湿婆信仰

在进入正题以前，我想多说几句关于印度宗教的情况，这或许是必要的。尽管印度教曾经且仍然是卡纳塔克地区当仁不让的主流宗教，我们其实不应忽视佛教与耆那教的地位。三大宗教在这一地区的传播实践，几乎从未受到过阻碍。

让我们先简单了解一下印度教神学的基本概念："谛"（tattva），即本质属性、真实。本质属性包括三种：萨埵（sattva），即纯粹；罗阇（rajas），激情；以及多磨（tamas），冷漠（尤指有情之间）。[1] 为了便于普通人理解，我们的先贤将这些抽象的本质神格化了：萨埵对应于梵天（Brahman），罗阇对应于毗湿奴（Viṣṇu），多磨对应于湿婆（Śiva）。对应于各自的本质属性，梵天被视为创世者，毗湿奴是守护者，湿婆是摧毁者。应当澄清的是，湿婆和毗湿奴一样，也摧毁各种阻碍世间和平与秩序的恶。这些神的事迹以一种特定的叙事形式记录下来，这类经典叫作"往世书"（Purāṇa），题材上约相当

[1] 在我们更加熟悉数论哲学中，上述"三谛"被称为"三德"（guṇa）。——译者注

于“神话”，由 18 部组成。[1] 在此基础上，还应加上“小往世书”（upapurāṇa），即次要的往世书，以及“圣地往世书”（Sthalapurāṇa）。后者的内容仅限于与朝圣中心相关的伟大事迹。往世书绝大多数篇目都以偈颂体写成，而故事通常以叙述者和聆听者的对话形式展开。

根据对“谛”特定的认识与理解，也为了引导人类心灵的道德准则，围绕着上述这些主神的头目，各色神话故事相继问世。然后，哲学家、宗教领袖们又更进一步将他们的神学理念编织到诸神的相关叙事当中。

印度教有两波以单一神为中心的虔敬主义浪潮（Bhakti）。湿婆的信奉者叫作 Śaiva；相应的，Vaiṣṇava 则指毗湿奴的信徒。然而，并不存在所谓“梵天教徒”，因为传说中，梵天曾两次遭受湿婆的诅咒。一次是他迎娶亲女儿的时候：他创世时，造出的第一个女人才貌无双，结果他娶她为妻。湿婆无法忍受乱伦，于是诅咒他将失去世界上所有的信徒，也不会有梵天的神庙或梵天的信仰。还有一次，梵天撒了谎。于是湿婆再次诅咒他不被信奉供养。

[1] 传统中有大小各 18 部往世书一说，但往世书是一种经典类型，随着圣地的形成不断生成出新的文本，其数量远大于 18 部。——译者注

毗湿奴教

毗湿奴信徒分为两大群体：其一为室利毗湿奴派（Śrīvaiṣṇava），其二则是摩陀婆派（Mādhva）。前者的创立者是12世纪初期的罗摩奴阇（Rāmānujācārya），后者则是摩陀婆（Madhvācārya）。两人所处的时代，以及他们对毗湿奴信仰的理论分疏，几乎是同步发生的，但分别在不同的地区。对于室利毗湿奴派的信众而言，毗湿奴是唯一的主神；而摩陀婆一支的信徒则以毗湿奴为第一主神，湿婆居其次。我们不去赘述二者哲学之间的异同，但会涉及毗湿奴的"游戏"[1]，他的十大化身，以及两大史诗《罗摩衍那》和《摩诃婆罗多》相关的部分。两派都主要供养毗湿奴神的人形化身，如山主（Veṅkaṭeśvara）[2]、与愿王（Varadarāja）等，与其化身相

---

❶ 作者在原文中经常使用"sports"或"play"一类的词，指称湿婆或毗湿奴神的活动。这是印度教当中非常有代表性的思想，即认为世间现象、运化，是神出于绝对自由意志的游戏。——译者注

❷ 山主化身是与文卡塔山（Veṅkata）密切相关的一种地方性毗湿奴化身。文卡塔山位于今安得拉邦境内，是南印度最重要的毗湿奴教朝圣地之一。——译者注

关的故事也都广为传颂。不过，一直要到14、15世纪的时候，摩陀婆派经过发展，才有零星的湿婆造像出现在其神庙的外墙或廊柱上。

湿婆教

从名字就可以看出，湿婆是这一教派的主神。湿婆存在于（上述）三谛之中。根据他们的理论，当整个世界尚处于黑暗之中，从水中产生了一道光，它便是所谓的“湿婆之本”（śivatattva）。这一“本”，或谓“真实”如此细微，以至于凡夫的认知无法察觉。因此，为了天下的利益，从“湿婆之本”中产生了另一种真实，即“恒主湿婆之本”（Sadāśivatattva）。它又有五面，分别与五力（śakti）对应。其中，“胜力”（parāśakti）从千分之一的“湿婆之本”中诞生；其他四种力，分别是首力（Ādiśakti）、愿力（Icchāśakti）、智力（Jñānaśakti）、作力（kriyāśakti），又各自从前一力中产生。这些力量又叫作

表 1. 湿婆五面及其相应的力量

面（mukha）	力量 (śakti)	分（kalā） 相（sādākhya）	方向
自在面 Īśāna	胜力 Parāśakti	胜寂静分 Śāntyatītakalā [恒主] 湿婆相 Śivasādākhya	朝上 Ūrdhva
伐摩天面 Vāmadeva	首力 Ādiśakti	寂静分 Śāntikalā 无形相 Amūrtasādākhya	朝北 Uttara
新生面 Sadyojāta	愿力 Icchāśakti	智慧分 Vidyākalā 有形相 Mūrtasādākhya	朝西 Paścima
无怖面 Aghora	智力 Jñānaśakti	造作分 Pratiṣṭhākalā 作者相 Kartṛsādākhya	朝南 Dakṣiṇa
依主面 Tatpuruṣa	作力 Kriyāśakti	止息分 Nivṛttikalā 作业相 Karmasādākhya	朝东 Pūrva

“分”（kalā）[1]。这一观念与方位、功能的对应关系，通过表格列举也许更加直观清楚。

据此，依主林伽（Tatpuruṣa liṅga）应当被安置在胎室中（garbhagṛha，印度教神庙的至圣所 sanctum sanctorum），

[1] 所谓“分”指湿婆所具备的各种能量，与“本”相对，是相对次级的类型，以止息分最低，胜寂静分最高。关于坦特罗中“分”和“谛”等概念，可以参见 André Padoux, *Vāc: The Concept of the Word in Selected Hindu Tantras*, tr. Jacques Gontier, State University of New York Press, 1990，第六章第四节“Kalā, Tattva, Bhuvana”。——译者注

因为它位列最后且向东。[1] 而且依主林伽以具备这四种功能或方面（sādākhya）[2] 为基础。因此，它理应置于圣所之中，接受所有的仪式供养，尽管（供养者的）心念仍应聚焦于唯一的恒主湿婆。[3]

这一点仍然难以为常人所理解，因此"大自在之本"（Maheśatattva）又以"嬉戏相"（Līlāmūrti）的形式，从"恒主湿婆之本"中化现。湿婆的嬉戏相共 25 种，各自蕴含着一则特定的故事。[4] 由于大自在湿婆产生于恒主湿婆，25 种嬉戏也就自然而然地与五面相对应。大致归类如下：

---

❶ 传统印度教神庙一般坐西朝东。——译者注

❷ Sādākhya 是一个微妙的词，很难准确描述它的意思。后来英勇湿婆派的往世书中是这样解释的：所谓"相"或"功能"是永远依附于湿婆的。译者注：此处勉强译为"相"，相对于纯粹无分的湿婆之本而言，这是五种有特殊功能的具体形式。可参考《鹿皮阿笈摩》（*Rauravāgama*）中的"湿婆所生品"（Śaivotpattipaṭala）。*Rauravāgama*, 2 vols., ed. N. R. Bhatt, Pondichéry: Institut Francais d' Indologie, 1961-1972.

❸ 换言之，胎室中的林伽可能以恒主湿婆的 5 个面相显现，代表了湿婆的不同方面，对应于不同的仪典，因此所有仪式在这里进行都是合情合理的。而由于五种面相根本上仍然是唯一的"恒主湿婆"，因此一切供养实际上又仅仅是献给他的。——译者注

❹ 以五分法演绎出来的湿婆嬉戏相，在不同的宗派经典和实践当中有所不同，25 相仅为其中的一种。——译者注

表 2. 湿婆五面与 25 种嬉戏相的关系

五面	对应的嬉戏相
自在面 Īśāna	宁静安详
1	持月相（Candradhara）：佩戴月亮的形象，以免遭岳父陀刹（Dakṣa）的诅咒
2	携乌玛相（Umāsahita）：与乌玛相伴的形象
3	骑牛相（Vṛṣārūḍha）：骑南迪牛的形象，它代表着正义（Dharma）
4	舞蹈相（Nṛtyakopama）：在不同场合舞蹈的形象，如婚礼上、劫坏时、或洪水时
5	联姻相（Vaivāhaṃ）：为了创造世界，与乌玛结婚的形象
无怖面 Aghora	对恶敌狰狞，但对信徒无怖
6	断梵天头相（Brahmaśiraschedana）：劈下梵天头颅的形象
7	敌爱神相（Kāmāri）：将爱神迦摩（Kāma）烧成灰烬，展现自身不为欲望所动摇
8	敌迦罗相（Kālāri）：踢走阎摩，以拯救他的信徒

9	敌三城兄弟相（Tripurāriḥ）：作为三城阿修罗兄弟敌人的形象
10	诛扎兰阏罗相（Jalandharavadha）：杀死恶魔扎兰阏罗的形象
11	羞辱相（Ajāri）：羞辱梵天的形象，因为后者爱上了自己女儿
12	英贤相（Vīrabhadra）：以毗罗跋陀罗（即英勇仁贤之义）的形象出现，来摧毁陀刹的祭祀
13	毁诃利相（Haridhvaṃsin）：摧毁毗湿奴傲慢的形象
新生面 Sadyojāta	对爱慕者的慈悲
14	施惠旃迪沙相（Caṇḍeśānugraha）：对旃迪沙施舍恩惠的形象
15	猎人相（Kirāta）：以猎人形象出现，为了帮助苦修中的阿周那，并将兽主宝箭授予了他。
16	饮毒相（Viṣāpaharaṇa）：搅动乳海时，为了拯救世界，吞饮毒液的形象
17	献轮相（Cakradāna）：将轮刃❶献给毗湿奴的形象
18	布施迦奈什相（Vighnaprasāda）：对迦奈什施与恩惠的形象

❶ 轮刃（cakra）是一种周边锋利的圆形投掷武器，是常见的毗湿奴法器之一，又叫“善见神轮”（Sudarśana cakra）。——译者注

伐摩天 Vāmadeva	魅力四射
19	携乌玛室健陀相（Somāskanda）：在制服恶魔（如塔洛加和安陀迦阿修罗）❶ 之后，偕同妻子乌玛、儿子室健陀一起出现的形象
20	乞行相（Bhikṣāṭana）：在砍掉梵天的头颅之后，为了赎杀婆罗门之罪，削发乞行
21	半身女相（Ardhanārī）：将自己半个身体给妻子帕尔瓦蒂的形象
依主面 Tatpuruṣa	高贵雄伟
22	单足相（Ekapāda）：湿婆在世界摧毁以后单脚站立的形象，随后毗湿奴与梵天从其左右两侧产生
23	承乐相（Sukhāvaha）：为了世间的喜乐，以商羯罗 ❷ 的形象出现
24	南面相（Dakṣiṇāmūrti）：面朝南，在树下坐，向四位弟子传授吠陀奥义 ❸
25	林伽显颜（Liṅgodbhavamūrti）：出现在林伽中间的湿婆面貌，为了消打击梵天和毗湿奴无知和骄傲

❶ 塔洛加（Tāraka）和安陀迦（Andhaka）是神话中，因各自的恶行，被湿婆歼灭的两位阿修罗。——译者注

❷ 此处的商羯罗并非 7 世纪的印度哲学家，而是神话中一种特定的湿婆形象。商羯罗（śaṅkara）一词的原意是吉祥、福祉。——译者注

❸ 南面相是湿婆的一种平和的形象。据其名字，造像一般面朝南。时而配有维纳琴。

图 17. 胎室中的湿婆林伽

上述“嬉戏相”一般会以造像的形式，刻画在湿婆神庙的墙面或立柱等之上；而与之各个相关的叙事，多可以在往世书中找到。我们稍后会再提及。

在卡纳塔克地区，湿婆显现于立柱[1]的情节，从巴达米－遮娄其时代开始，经常会出现在湿婆神庙东侧的墙面上。而其他偶像化的嬉戏相，则会根据相应的方位，刻画在神庙的外墙四周（见图 17）。一些毗湿奴的嬉戏相也会在墙面或石柱上找到自己的位置，这意味着毗湿奴也以相似的方式被崇拜。

卡纳塔克早期寺庙建筑

不论地处东南西北，神庙建筑的两大要素都是胎室（Garbhagṛha）和方殿（Maṇḍapa）——这种方殿现在又叫“舞台方殿”（raṅgamaṇḍapa，“stage hall”）。正如拜神要从每位信徒的主尊开始，神庙建筑以这两种建筑元素为基础：一处是小室，在当代历史学者看来，胎室是

[1] 作者在原文中使用了 pillar 一词，因此翻译为“立柱”，实际上表现的还是柱形的林伽。下同。——译者注

神的栖息之处；另一个则是更大的空间，提供给信徒展现他们的崇信。最初，这两个元素是分开的，但随着时间的推移，它们逐渐由一个叫作“鹦喙”（śukanāsi）的构件连接到一起。“鹦喙”这个词的拼法各异。有些学者会写成 Sukhanāsa（妙鼻）、Śukhanāsi，但我们还是认为 Śukanāsi 的写法更符合常识。因为连接胎室和方殿的构件，正像鸟的喙部一般，连接起食物与其腹部。作为连接胎室和信徒进献空间的关节，这可能是古代建筑师选用“鹦喙”一词的原因。（除此，鹦鹉还以曼妙的颜色著称。）

如《妙语集》（*Subhāṣita*）有一则提到，风尚和形式会随着时间而改变。寺庙艺术与建筑的情形与之同理：增益或缩减的成分，会随着一波波思潮的涌动而发生。到了发展的最后阶段，我们可以笃定地说是 16 世纪以降，南印度寺庙已基本形成我们今日所见到的样式。卡纳塔克王朝在 1565 年崩解后，寺庙艺术与建筑没有再发生过显著的变化（见图 18）。

印度的每个地区、每个邦都有自己建造神庙的传统，各自又伴随着时代与思想的变迁，发生了演变和调整。因此，这至少是一部专著才能涵盖的主题。为了避繁就

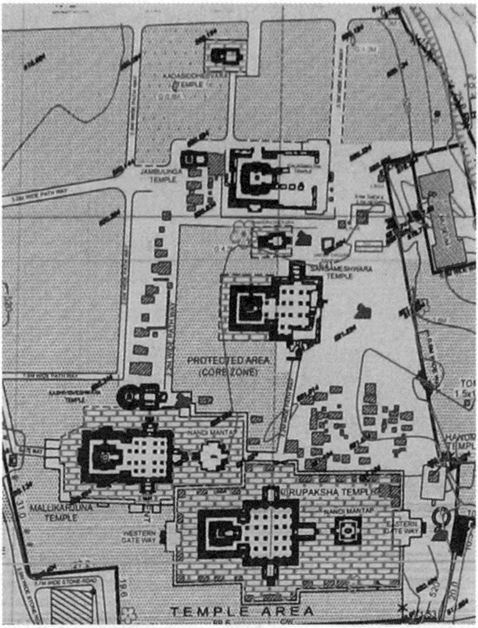

图 18. 帕塔达卡尔建筑群平面图

简，我们将把目光局限在南亚次大陆南部的卡纳塔克邦内。它是我的家乡，也是本文的考察对象。

卡纳塔克艺术与建筑的历史，可以说始于遮娄其王朝。尽管广义地来看，这一地区的历史可以上溯至百乘王朝、南部的恒伽王国，以及北部的迦丹巴王朝。然而，依靠仅有的佛教建筑遗址的砖块和其他物质遗存，我们仍然无法断代。贫乏的材料阻碍了研究的步伐。当代学者一般认为塔拉贡多（Tālaguṇḍa）的唵自在天神庙（Praṇaveśvara）是卡纳塔克境内最早的一处。然而，除了胎室遗存在原址，其他什么都没有了，我们很难对它本来的样子进行复原。而且，这处胎室本身也面目全非，尚待修缮。不过，迦丹巴后期敕造的寺庙多依此而建，因此它们可以说是“迦丹巴样式”（Kadamba Style）的典范。恒伽王国的标志性建筑也面临着同样的命运，仅有晚期恒伽的建筑幸存了下来。其中，白莲塘（Śravaṇabeḷagaḷo）的戈玛自在天像（Gommateśvara）特别有名。有鉴于素材零散，我们像其他当代艺术史学者那样，姑且跳到巴达米 - 遮娄其时代的建筑。

大约在公元500年左右，卡纳塔克艺术的辉煌历史随着巴达米 - 遮娄其的统治而兴起。最著名的遮娄其艺术赞助者包括：

- 补罗稽舍一世（Pulikeśin I）
- 补罗稽舍二世（Pulikeśin II）
- 超日王一世（Vikramāditya I）
- 胜日王（Vijayāditya）和具戒皇后（Vinayavati）

- 超日王二世（Vikramāditya II），以及他的两位皇后：洛迦摩诃王后（Lokamahādevi）、三界摩诃王后（Trailokyamahādevi），以及后者的儿子称日王（Kīrtivarmā II）。

巴达米石窟寺（6 世纪）

遮娄其艺术的开端，以巴达米石窟寺为标志。在

图 19. 巴达米一号石窟（根据 ASI 编号系统）

图 20. 巴达米石窟群及其平面图

此，我们可以看到围绕的柱廊，立柱大厅（方殿），以及深凿于巨石之中的胎室。立柱大厅的装饰尤为华美，雕塑具有高度的文化象征性。巴达米的4个石窟，只有一处可以根据铭文断代。印度考古考察团（Archaeological Survey of India，ASI）[1]为石山峭壁上开凿的每一个石窟都标了序列号。一号窟位于最低的一面峭壁上（见图19）。它被标记为一号，是因为每位访客都首先经过这一石窟。其余石窟也便顺应编了号（见图20）。三号石窟的铭文有公元578年的纪年。不少当代学者，包括笔者在内，都尝试通过不同的依据来确定各个石窟的年代，但尚未有定论。

梅谷第耆那教神庙（7世纪）

而艾霍莱（Aihole）的第一座人造石窟寺，在当地被叫作梅谷第神庙（Meguti）。外墙的铭文揭示了该庙由补

---

[1] 印度考古考察团（Archeological Survey of India）成立于1880年，当时印度还没有独立。

罗稽舍二世敕建于634–635年。这座庙除了神庙的几种基本建筑要素，还有上下叠加的双层胎室。

帕塔达卡尔建筑群（8世纪）

帕塔达卡尔（Pattadakal）是另一处寺庙群，混合了“卡纳塔－那迦罗”（Karṇāṭa-Nāgara）以及“卡纳塔－达罗毗荼”（Karnāṭa-Drāviḍa）两种样式（见图21）❶。早期的一批神庙很可能是按照卡纳塔-那迦罗的样式建造的。而在公元695年胜日王即位后，风格发生了显著的变化，新的建筑结构被引入了寺庙中。帕拉瓦王朝建志城（Kāñcipuram）❷的君狮（Rājasiṃha）家族与之同期。当胜日王兴建帕塔达卡尔的胜自在神庙（Vijayeśvara）时，君狮王则在建志城营造了凯拉什山主神庙（Kailāsanātha）❸。二者都是达罗毗荼的风格——或

❶ 那迦罗（Nagara）在印度建筑语境中，一般指北印度风格，而与南方的达罗毗荼（Dravidian）风格相对。——译者注

❷ 今泰米尔纳德邦境内。——译者注

❸ 凯拉什（Kailāsa）即今中国西藏冈仁波齐峰，是湿婆居住的地方，凯拉什山主因此就指湿婆。——译者注

图 21. 帕塔达卡尔，卡纳塔 – 达罗毗荼风格的神庙
（摄影：巴马提 · 菲约扎 – 奥马 Bhamati Filliozat -Auma）

许可以说，这标志着南印度风格，或谓达罗毗荼风格的诞生。在之后的几十年中，这种样式获得了皇室更多关注，并且越来越多的细节、建筑元素被逐一引介到这一风格的建筑当中，使其更加华美庄严。

这一步，还要归功于超日王二世（735–745 年）的两位皇后：洛迦摩诃王后和三界摩诃王后。为了庆祝超日王二世战胜了建志城的帕拉瓦王，两位王后分别兴造了一处神庙。洛迦摩诃王后斥资建造的神庙尤其出众，位列南印度风格的同类建筑之首。她称贡达·阿尼瓦力塔·阿阇梨（Guṇḍa Anivārita Ācāri）是丹各纳式样（或谓南印度风格）的代表性建筑师（Teṃkaṇadiśeya Sūtradhāri），并（在铭文中）三度礼敬他。[1]这座神庙的建筑要素极其完备：从胎室、鹦喙、前室到方殿（或谓"舞台方殿"）；不仅入口处天井的装饰异常炫丽，其鹦喙的部分，在建志城凯拉什主神庙，乃至帕塔达卡尔的胜主神庙（Vijayevśara 又叫桑迦梅斯瓦拉神庙 Saṅgameśvara）都前所未见。

这些神庙的外墙装饰有大量的湿婆"嬉戏相"。它们不是随意雕琢的，而因循着大自在天活动的特定方式，也就是与"恒主湿婆"相关的五面。如前文所述，其中的四张脸朝向四个方位，而第五张脸朝上。墙面的图像表现也同样一一对应于"恒主湿婆"以及湿婆之本的诸种嬉戏。"无怖相"是恒主湿婆的南面，因此南墙充斥

[1] *diśe* 这个词误导了早期讨论这些铭文的英国学者。diśe 有多重含义：它首先指"方向、方面"；根据《加纳达语一切宝藏》（*Kannada Viśvakośa*），它也有仪轨（rīti）、标准（mārga），乃至风格的意思。如果这样理解的话，那么 *dakṣiṇadiseyasūtradhāri* 完全可以理解为"他是南方风格的引领者"。

图 22. 帕塔达卡尔，带有“鹦喙”构件的世主神庙（Lokeśvara）

着可怖的战斗场面，[1]比如婆黎－妙颈（Vāli-Sugrīva）、毗湿奴的人狮化身与金装（Hiraṇyakaśipu）、湿婆与恶魔阿修罗之间的战斗，等等。而西面则是“新生相”（Sadyojāta），有着与梵天相似的柔和面目。因此，这一面的墙上都是些祥和的场景，经常可见手握贝叶等造型。“恒主湿婆”的英俊面貌（即伐摩天面）则朝北。因此，神庙北墙上刻绘的是美丽的半女身自在天（Ardhanārīśvara）、半身诃利像（Haryardha）或乞行像

[1] “无怖相”的名称比较特殊，如表 2 所示，它指的是惩恶扬善的湿婆形象，所以通常以战斗的场面出现，却以“无怖”之称命名。——译者注

（Bhikṣāṭana），以及毗湿奴的筏罗诃像（Bhūvarāha），等等（见图 22）。“依主相”是恒主湿婆朝东的一面，它展现的是庄严气象，是湿婆的雄伟。高贵的神像一般以“林伽显颜”（Liṅgodbhavamūrti）的形式直接出现在林伽上（见图 24）。舞蹈的湿婆像（Nṛtyakopama），会刻画在东南的墙面上；而在东北的墙面上，会呈现毗湿奴一步跨越三界的伟岸形象（见图 23）。每一种图像背后都是一套神话故事。篇幅有限，我们无法在此讲述完整的二十五则故事，以下仅以“林伽显颜”为例。

在两部往世书，《湿婆往世书》（*Śiva Purāṇa*）和《林伽往世书》（*Liṅga Purāṇa*）中，都讲述了“林伽显颜”的故事。据其记述，当时整个世界都湮没在渊水黑暗之中。有一天，梵天散步中看见了一位多首多脚、正横卧水中熟睡的人。这不是别人，正是宇宙之眠中的毗湿奴。梵天想要知道他是谁，于是敲醒了熟睡中的他。由于用力过猛，毗湿奴从他的宇宙之梦中惊醒。他看了看梵天，笑着说道：“哦，我亲爱的儿子。”由于被愚痴遮蔽，梵天并不理解毗湿奴所表现出的亲近，于是愤怒地与之争吵，吵得漫无边际。正在此时，一根火焰紧簇的光柱突然出现。二人皆为之震慑，于是决定去找寻光柱的两头。

图 23. 帕塔达卡尔，世主神庙东北外墙的跨三界毗湿奴像

图 24. 湿婆“林伽显颜”，帕塔达卡尔胜主神庙

梵天化现为一只白色的天鹅，往上方飞去；而毗湿奴则变成人身熊首的样子，向下深入地心。当他们无功而返、回到原地的时候，发现了光柱之中显现出的湿婆形象，便立刻明白这都是湿婆的游戏。服膺于湿婆的神迹，两位神都不禁赞叹其伟大。当湿婆打算从光柱中消失的时候，两位神再次称扬，并祈请湿婆能够停驻在凡夫信徒触手可及的地方。湿婆接受了他们的请求。为了此世信众的利益，将巨型的光柱缩小成一座林伽。湿婆教徒因此认为，梵天和毗湿奴是湿婆最初的两位崇拜者。湿婆也因而显得尤为尊贵伟大。于是东墙的东南部分是梵天，另一侧则是用双脚丈量三界的“跨三界毗湿奴”像。通过这种方式，神庙的墙面由众神的形象显示庄严，并提醒着信众：诸神（在某种意义上又）是同等的。

公元 699 年 5 月 20 日，胜日王的母亲具戒王后引进了一种新的建筑样式[1]，将梵天、毗湿奴、湿婆三神同时置于一所神庙的三处胎室中：湿婆在正中的胎室，梵天面朝北在南边的胎室，毗湿奴则面朝南在北边的胎室里。

[1] 即指赡部林伽神庙（Jambulinga Temple）。——译者注

三个胎室内部通过一个共通的舞台方殿联通起来。[1]

巴达米－遮娄其的统治，在称日王二世（695–735年）在位期间中断，取而代之的是罗湿陀罗拘陀王朝，始于757年，迈勒克多（Malekheḍa）是其首都。这一时期以埃洛拉（Ellora）的凯拉什山主石窟寺（Kailāsanātha Temple）与阿旃陀的多处石窟著称。这两处今天都在卡纳塔克邦境外。我们想要请读者留意的是，罗湿陀罗拘陀不仅统治着卡纳塔克全境，其疆域辐射范围甚至到达了泰米尔纳德邦。他们在卡纳塔克地区兴造的建筑并没有位于马哈拉施特拉邦与安得拉邦的来得瞩目，但是坎纳达语文学正是在此期间登上历史舞台的：不空雨王（即尼波东迦王，9世纪）创作了《诗王之道》（Kavirājamārga）成为坎纳达语文学史上的第一位作者。自此以后，坎纳达语文学愈发繁盛，并且受到梵语诗学越来越多的影响。由于此代建筑多落于我们研究的地理范围之外，所以我们将直接推进到卡利亚纳－遮娄其及其继承者的时代。

---

[1] 后文会多次提及这种“三室神庙”。——译者注

西遮娄其王朝（975—1185—1189）

如王朝的名字所示，第二个遮娄其王朝的统治者以卡纳塔克邦古尔伯加（Gulbarga）附近的卡利亚纳（Kalyaṇa）为首都。为了区别于前一个遮娄其王朝，并鉴于二者名字几乎一致，当代历史学家们或称其为“后遮娄其”、或叫“卡利亚纳－遮娄其”。

在卡利亚纳王朝统治期间，寺庙建筑的布局发生了显著的变化。三个或多个胎室的神庙变得越来越普遍，而非只有单一湿婆胎室的大型寺庙。这种供奉多神、将多个胎室合布在同一座神庙的做法，对卡利亚纳－遮娄其皇室而言，其实并不新奇，因为他们早已有所耳闻——前文我们提到，具戒皇后建于699年的神庙就已经引进了这种风格。不过，这种做法在遮娄其王朝后期得到了长足发展，乃至他们的后继者天山的塞弗那（Sevuṇa）那里。后来，深受这种样式吸引的曷萨拉王朝，依旧邀请遮娄其的遗民工匠们来营建他们首都贝卢尔（Belur, Halebid）的神庙。绝大多数曷萨拉时期的三室神庙（triple sancta），都以毗湿奴为主尊敬奉。这种神庙的建造方式，被称作“南风”（Dakṣiṇācāri）；随着时间的推移，又逐渐音变为 Dakkhana 乃至 Jakkana。英国殖民期间，关于后者产生了各种各样的讲法。事到如今，人们便稀里糊涂地把这一风格的神庙统称为贾革纳风的神庙（Jakkanācāriguḍi）。甚至有当地村民声称，寺庙在傍晚开始兴建，完成于翌日破晓，因此得名。为了叙述方便，本文还是会使用“贾革纳风”一词。

贾革纳风的神庙，与其前朝巴达米－遮娄其在风格

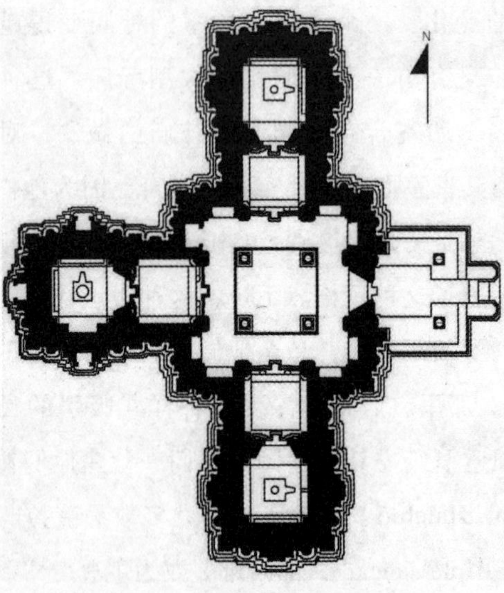

图 25. 三室神庙的一般平面图

图 26. 赫莱拉哈利的三室神庙
（摄影：米多斯 – 泰勒 Meadows-Taylor，1864 年）

上大相径庭。神庙一般更加小巧，却有更多的胎室（见图 25、26）。每一处胎室都有自己的石峰塔（śikhara）以及鹦喙（或第一个前室）。立柱的样式也发生了改变：原来厚重的、（比例）合理的方形高柱，由圆形立柱所取代，其底部的方形柱础与圆柱通常是通体的一块整石。柱面有层层圆轮装饰，好像车床镟成的一般（见图 27）。

中心正方形的“舞台方殿”比其余部分要抬高一些，并由四方四根雕刻精美的立柱装饰。遮娄其式方殿

图 27. 巴里迦维有三个胎室、一个方殿和一个藤蔓方殿的神庙

中宇的天花板，有时是一整块石板，石板上雕刻有“八方护法”(aṣṭadikpālaka)，围绕着中心的湿婆。与之不同的是，同期的曷萨拉神庙，其天花板则是巨石凿出的浅拱顶，有莲花瓣浮雕，并悬刻一朵花苞和其他装饰元素。不论是方形还是圆形的天花石板，都占据着舞台方殿的中心，这是预留给舞蹈的位置，是供神仪式的一部分（见图 27）。

卡利亚纳 - 遮娄其神庙的外墙或无装饰，或使用与该神庙相关的某些母题，以少量的小型造像进行点缀，比如室利犍陀（Śrīkaṇṭha）[1]、手持林伽并虔诚朝拜的苦行僧、舞者、音乐家，等等。而峰塔上的图像则更加精彩纷呈。通常，峰塔山墙（gable）上的图像最吸引眼球。恒主湿婆的五面，以各种拟人化的形式表现，包括湿婆－大自在天的二十五种嬉戏相，比如：南侧是无怖相，南面神（Dakṣināmūrti）手执书和串珠（akṣamālā）；西侧是新生相，以同样手执书和串珠的梵天表现；北侧是帕尔瓦蒂（Pārvatī）的各种化现，以及毗湿奴、"诃利诃拉"（Harihara）[2]等形象；东侧则是舞王湿婆相，表现湿婆的雄伟。

如果是三室神庙，布局则会与此不同。正中的胎室是献给湿婆的，其中或是有一座湿婆林伽，或是有一尊人形的湿婆像，一般取材于 25 种嬉戏相（见图 28）。通常，中心胎室供奉的是自生林伽（Svayaṃbhū Liṅga），

---

[1] 室利犍陀（Śrīkaṇṭha，"美颈"）指活跃于 12 世纪的一位湿婆教神学家，以分别不二论（viśiṣṭādvaita）著称，为英勇湿婆教派的大量信徒所追崇。也就是说，该时期神庙的外墙装饰，以圣贤等各类虔信者、供养人的形象为主。——译者注

[2] 诃利诃拉指半毗湿奴半湿婆的特殊图像形式。——译者注

图 28. 湿婆和他的伴侣，哈韦里地区赫莱拉哈利村

图 29. 自生林伽，焦达达纳城

体积非常小，并没有高出台面多少（见图 29）。我们需要解释一下这种林伽流行的思想背景。“拉库里夏”（Lākulīśa）[1] 信徒尤其重视瑜伽：当他们在三昧之中（即完全凝神于一处），便不再分别事物，因而能在任何一块普通的石头中亲见湿婆。于是，他们也礼拜这样的石头。他们建有小型神龛来保护这类林伽，作为一种特定的礼

[1] 拉库里夏（Lākulīśa，字面义为“持杖之主”）是兽主湿婆教的一支，以该宗派的圣人拉库里夏（Lakulīśa，又作 Nakulīśa）命名。——译者注

拜对象。这种小型的林伽，就叫“自生林伽”或“天然林伽”（udbhavaliṅga）。

人造的林伽在尺寸上则要大得多，一般被安置在一个底座上。这些林伽曾经可能只有一面、抑或四面、五面（见图 30）。但到了 12、13 世纪，绝大多数单室神庙都被转化为三室神庙，不再局限于天然林伽或人造林伽。更重要的是，拉库里夏传统在神学思想上发生了转变：他们认为，个人在另一个世界总是与湿婆合为一体。这种思想如此盛行，以至于他们不再（必须）以湿婆神的名义来安置林伽，而通常是以纪念对象的名义。举个例子来说，哈韦里地区（Haveri）的赫莱拉哈利村（Haralahalli）有一处叫作“月主自在天”（Somanātheśvara）的湿婆神庙——尽管今天它看似一个小村庄，在 11、12 世纪赫莱拉哈利可是古特酋长（Gutta）所在的首府。这座神庙最初也是单室的。1181 年，在当地首领上师的谏言下，被改建为三室的神庙，并在同一建筑群中另添置有两个林伽。这两座新置的林伽就是以首领的父亲和祖父命名的，分别叫“超自在天”（Vikrameśvara）与“古

图 30. 四面林伽，胡布利市乌纳卡尔的月顶神庙

特自在天”（Guttesvara）[1]。与此同时，湿婆的独脚相（Ekapādamūrti）以及其他由根本湿婆衍生出来的诸相的运用原则，也不会被打破。通常，一座以男性名字命名的林伽会置于中心圣所的右边，左边则对应一位女性的。男性的名字又对应于梵天，女性的名字对应于毗湿奴。在每一座峰塔的山墙脊上也安排有相应的图像。比如，右侧（即南侧）是留给梵天的，而恒主湿婆的西面是“新生面”；因此南峰塔的西面刻画有梵天以及新生面相出现的湿婆，手执书本和串珠。北侧的峰塔则刻画毗湿奴的各种神迹，比如人狮撕破恶魔的腹部，或大地－野猪的形象（Bhūvarāha，即大地女神依靠在野猪化身右边獠牙上的形象）。对于中间一座峰塔来说亦是如此，根据朝向刻画恒主湿婆的四相。中心峰塔的北山墙是预留给女神及湿婆其他化现形式的，比如半女身相（见图31）。不幸的是，由于山墙上的造像可以拆卸，这导致了多处神庙在战乱掠夺中难逃一劫。

---

[1] 参见 *Kālāmukha temples in Karnāṭaka*, Ins. 1, p. 136. Fig. 9, Somanātheśvara, Haralahalli, in 1860

图 31. 中心峰塔的北侧山墙，中峰上刻画有诸女神和其他形象

曷萨拉王朝（1187—1343）

曷萨拉的国王邀请来自遮娄其王朝的艺术家来建造他们的庙宇，并通过严饰的造像和装饰元素区别于遮娄其的建筑。结果，曷萨拉的建筑遗产更加华丽，造像庄严夺目。其尺寸也尤其适合学者们去细究图像（见图32）。如我们先前提到的，此朝绝大多数神庙都是献给毗湿奴的，因为当时的统治者正受到室利毗湿奴派的影响。而大多数神庙其实是三室的，每一处胎室中都供奉有一种毗湿奴的造像。

图 32. 曷萨拉王室敕建神庙上繁复的图像装饰

卡纳塔克帝国（1336—1646）

随着克里希纳王（Kṛṣṇarāya）[1]于1509–1510年间登基统治，16世纪初的卡纳塔克帝国发生了一些重大变化。14、15世纪的史实或许有助于我们理解这场跃进。在13世纪初，整个南印度存在大大小小的王国，并没有一个统一的政权。每一个王国都试图吞并土地。但他们谁都没有预料到最后为外部侵袭：已经控制了北印度的穆斯林苏丹将矛头指向南方富庶的诸国，并掠夺后者的财富。因为没有任何准备，除了曷萨拉的巴腊拉三世（Ballāla III），几乎所有的南印度王国都不堪一击。前者得以幸存了下来，并付出了巨大的努力将南方印度教王国从穆斯林手中解放出来。当然，在紧要关头，他得到了来自各个宗教团体首领的护佑，包括释林葛里宗主智道，他是至关重要的。然而不幸的是，后世文献错将这项盛举归功于本宗的另一位领袖人物，即宗主智林（Vidyāraṇya），因而误导了研究者们。事实上，智林要到1368–1369年以后才进入历史的视野。除此，传统上认

[1] 又叫克里希那天王（Kṛṣṇadevarāya，1509–1529年在位。——译者注）

为新王朝建立于1336年，但根据铭文材料，新朝其实始于1346年。而且，并不存在真正意义上的改朝换代，曷萨拉国王以和平的方式，逐渐把权力过渡给了继承它的桑格马（Saṅgama）家族。新的王朝叫作卡纳塔克帝国（Karnāṭaka Sāmrājya），以胜利之城（Vijayanagara）为都，即今天亨比遗址的所在之地。而所谓“胜利城帝国”（Vijayanagara Empire）其实是一种误称：它是随着罗伯特·塞维尔（Robert Sewell）发表于1900年的专著《被遗忘的帝国：胜利之城》（*A Forgotten Empire, Vijayanagar*）才流行起来的。为了避繁就简，我们不去讨论新帝国成立的时间，智林在其中扮演的角色，野兔与猎犬、诃利诃拉（Harihara）的故事等等。并且，我们将通篇使用“卡纳塔克帝国”一称，而非“胜利城”。

在卡纳塔克帝国的三个朝代中，以桑格马家族的统治（1346–1485年）为首。首朝的艺术与建筑相对前期尚未发生多大的变化，因为他们主要集中精力巩固帝国，而非发展寺庙艺术。他们沿袭了前代卡利亚纳－遮娄其与曷萨拉的寺庙营造方法，从上到下都由石头砌成。1485年，面对邻国入侵的威胁，大臣萨鲁瓦·那罗辛哈一世（Sāḷuva Narasiṃha I）夺过大权以便守护疆域。由此，桑格马顷刻覆灭，萨鲁瓦统治时期开始。前朝另一位丞相图鲁瓦·那罗萨那耶迦（Tuluva Narasānāyaka）的势力愈发强大，以至于他几乎成为了合作统治者。1503年，图鲁瓦·那罗萨那耶迦去时，由普加巴罗·纳洛辛哈（Bhujabala Narasiṃha）子承父业。随着萨鲁瓦·那罗辛哈二世（Sāḷuva Narasiṃha II）于1505年驾崩，普加巴罗·纳洛辛哈（又称图鲁瓦·纳洛辛哈二世，Tuluva Narasiṃha II）便成为了全域的合法继承人。然而登基不久，他意识到弟弟克里希纳天王（Kṛṣṇadevarāya）更能担当阻击外敌入侵的重任，于是退位禅让给了克里希那王。

为了庆祝即位，克里希那王于1509–1510年为广目王神庙（Virūpākṣa）敕建了一座皇家山门（Rāyagopura），❶并配有一座大台方殿（Mahāraṅgamaṇḍapa）——广目王是当地及其王室的守护神——这两个新添的元素，标志着寺庙建筑营造的新范式。在古庙的改建中，许多引人注目的特色被发明出来，比如：第二个前室（antarāḷa），围绕着胎室的环形行道（pradakṣīṇāpatha），有一个或多个

❶ gopura是一种塔型的入口建筑，字面义为“牛城”。本文将统一使用“山门”一词翻译。与汉语语境中的山门略有不同，此“山”用以形容高耸的建筑外貌。——译者注

图 33. 亨比毗陀罗神庙，胎室前有两层前室；第二层前室有两个出入口通往环形行道。摄于 1975 年修缮前。

装饰瑰丽的砖砌山门和围墙，以及粉饰灰泥塑造的各种形象。原先石制的小型峰塔，即胎室上方的尖塔，被大型的砖或泥制的峰塔所取代，而与山门相仿。不过，峰塔的尺寸永远都比山门要小（见图 33）。

12 世纪后半叶，又一种新的建筑元素诞生了：藤蔓方殿（latāmaṇḍapa 或 ballimaṇḍapa）被纳入到卡利亚纳－遮娄其，以及塞弗那时代的神庙中（见图 34）。我们上面提到过的“大台方殿”其实是藤蔓方殿的一种变

图 34. 巴里佳维凯达尔自在天神庙的藤蔓方殿

体。大台方殿是一种开放的排柱大殿，与藤蔓方殿相似，其三面保留有阶梯上下出入；第四面则接着舞台方殿（raṅgamaṇḍapa），但围栏和矮柱被移除了出去。在神庙主体外加上大台方殿，是图鲁瓦国王对印度建筑的伟大贡献。通往胎室的中央行道两边，复合型方柱取代了原先圆轮装饰的圆柱，而方殿四周则围绕着又高又细的另一种柱子。原本简单的庇荫檐廊，转变为双层精雕的装饰，华美异常（见图 35）。

图 35. 亨比广目王神庙的大方殿

泰米尔纳德邦的萨玛耶伐兰（Samayavaram）有一座献给湿婆的神庙，由曷萨拉的国王娑摩自在天（Someśvara）敕建于1235年。其中的一座方殿中，有三根复合型立柱（见图36）。这可能启发了后来克里希那王的艺术家们：他们以相似的方式，改组了广目王神庙藤蔓方殿与主方殿的布局，并设计出更加曼妙的复合型立柱。关于这些复合型立柱，室利尼万桑（K.R.

399. Kannanûr. Bhōjēśvara temple, mukhamaṇḍapa, northeast.

图36. 曷萨拉王朝建造的自在天神庙，泰米尔纳德邦萨玛耶伐兰

Srinivasan）写道："……前方两角的是最复杂的，包含有一个巨大的主体圆形石柱，并由三根略矮的细柱（upastambha）围绕（这种组合式立柱在梵语中叫'立柱曼陀罗'，Stambhamaṇḍala）。它们基于同一个基座（adhiṣṭhāna），包括圭脚（upāna）、下枭（jagati）、束腰（kaṇṭha）和地栿（paṭṭikā）。"[1] 受到曷萨拉自在天神庙的启发，建造广目王神庙的艺术家们在大方殿内的中央走道也竖起了装饰繁复的立柱（见图 37）。

毗陀罗（Viṭṭhala）[2] 神庙东南方殿的立柱则更加美不胜收（见图 38）。这座毗陀罗神庙中，秋千节日方殿（Dolotsavamaṇḍapa）[3] 的复合型立柱可能达到了这种形式的艺术顶峰：这些完工于 1554 年的复合型立柱，配以华

---

[1] K.R. Srinivasan, *Encyclopedia of Indian Temple Architecture, South India, Lower Draviḍadēśa*, Ed. by Michael Meister, New-Delhi：American Institute of Indian Studies, 1983, p. 335. 译者注：这些建筑构件的具体所指，可以参见 Prasanna Kumar Acharya, *An Encyclopaedia of Hindu Architecture*, Oxford University Press, 1943, pp.15-37, 182, 97, 289-291. 中译名试图大致对应中国传统建筑术语。

[2] 毗陀罗是南印度流行的毗湿奴化身形式。——译者注

[3] 秋千节日方殿，是节日方殿（utsavamaṇḍapa）的一种。"秋千"（dola）指节庆过程中，将神像置于秋千上摇荡的仪式。这种类型的方殿一般独立于胎室的主体建筑，是同一院内，为特定节日准备的大型柱廊配殿，从这一时期开始逐渐流行。其他常见的形式如"婚礼方殿"（Kalyaṇamaṇḍapa），是为庆祝女神与主神结婚的纪念日而准备的。——译者注

图 37. 中央行道的复合型立柱，亨比广目王神庙

图 38. 克里希纳王敕建神庙的东南方殿（约 1516 年）

图 39. 亨比毗陀罗神庙，秋千节日方殿的音乐廊柱

美的立柱曼陀罗，若轻轻敲击，还能制造出动听的音符（见图 39）。这里总共有 56 根立柱，可分为 14 种类型（见图 40）。这一风格的精雕立柱，后来被泰米尔纳德邦马杜赖（Madurai）和坦贾武尔（Tanjavur）的那耶迦首领（Nāyaka）[1] 所沿袭。

克里希纳王为了庆祝他全面战胜了奥里萨（Odisha）国王，给大多数南部的神庙都装点一新，加上了雄伟的

---

[1] 那耶迦（Nāyaka）是地方上或某些小王国的行政长官、首领。——译者注

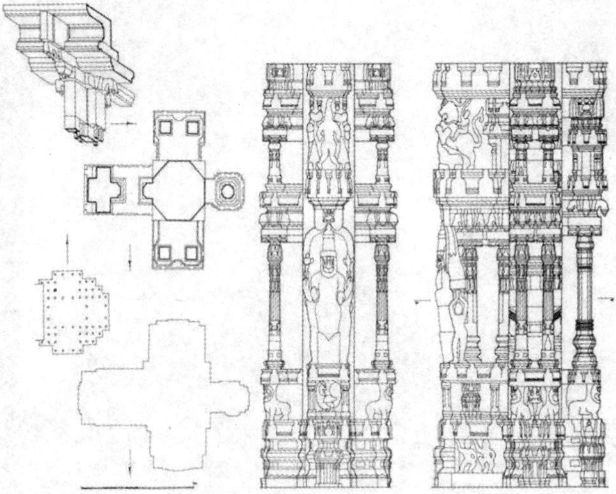

34. Dolotsavamamtapa. Pillar 44 (type E), elevation Eastern and Northern face.

图 40. 亨比毗陀罗神庙，其中一种配有细柱的复合型立柱

山门（见图 40）以及数以千计的立柱方殿，为寺庙的层出不穷的宗教文化活动提供场所。这种为神庙加盖山门的做法，后来一直被他的继承者们所效法，包括坦贾武尔和马杜赖的皇室，即便到了 1565 年帝国败落以后仍然如此。现在，神庙入口高耸的山门甚至成为了泰米尔纳德邦的标志。

图 41. 克里希纳王的皇后建于 1513 年的山门

让我们就此做一小结：随着时间推移，印度的寺庙建筑从较小的规模不断扩大；并且，思维和生活方式上的变迁，无疑给卡纳塔克地区寺庙艺术的变化发展提供了诸多契机。在卡纳塔克，建于5—8世纪的神庙一般是单室的，即只有一座胎室、一层前室、一层围绕胎室的环形柱廊，以及一处有单个或多个入口的方殿。天花板由厚重的方柱支撑，柱上装点着取材于神话或史诗的叙事画面。湿婆大自在天的二十五种"嬉戏相"，对应于恒主湿婆的五面来表现。胎室上方冠以一座高塔，并有大量石雕严饰。但此时，还没有神庙入口处高耸的山门，仅有一个简单的门。而随着加利亚纳－遮娄其继承统治大权，拉库里夏湿婆教（或称拉库里夏－兽主教派）得到了更高的重视。10—14世纪兴建的神庙两侧铭文是如此之多，哪怕是长石板砌起的小型寺庙也不例外。这些铭文包含的各种信息，为当代各类研究领域的历史学家们提供了丰富的素材。

神庙不仅是礼拜的地方，还是文化、教育的中心。学校通常与寺庙毗邻，诸如吠陀（Veda）、文法（Vyākaraṇa）、瑜伽（Yoga）、舞论（Nāṭyaśāstra），乃至其他各种相关的梵语传统知识，和坎纳达语一起在这些学校教授。

诸神并没有根本区别的理念如此流行，以至于许多单室的湿婆胎室，后来被改造为三室的神庙，并安置有湿婆舞王形象、毗湿奴、太阳神，或三面或四面的梵天像，等等。11 世纪后半叶，湿婆是主神，而其他神灵皆由其化出的观念广泛流行。结果，其他神像又被湿婆的象征物“林伽”所替代。这些林伽一度是以主神命名的，但在接下来的几个世纪中，却常以功德主的名字或根据他（她）的个人意愿重新命名。此时，三个胎室共享同一个方殿，且没有环形柱廊；方殿的立柱较矮，是方形的柱础，圆形的柱身，并有圆轮型装饰，上端则是鳞茎状的莲花。神庙的外墙通常是平白的，或以雕塑装饰。峰塔亦是如此：图像会根据方位，安布在中心峰塔的山墙上。此后，一种新的建筑样式加入到固有的寺庙中，那就是藤蔓方殿。由于巴萨瓦自在天（Basaveśvara）掀起的运动，只有一部分人可以建造寺庙，其他人则只要通过履行职责、虔敬事神即可。新造神庙的空间受到压缩，于是已有的神庙被翻新，转化为三室或多室的形式，并以夺目的藤蔓方殿增饰。

在穆斯林入侵南印度导致一段混乱的局面之后，随着 1346 年卡纳塔克帝国的兴起，宗教方面产生了惊人的变化，建筑形式也随之反映了这股浪潮。尤其是 1510 年前后，寺庙的整体布局经历了剧烈的变革，所有前卡纳塔克帝国的单室圣所统统被抬高，并加上了第二层前室以及一个开放的方殿，从而获得了新生。原先 12 世纪的藤蔓方殿，作为一种建筑构成，被等间距细柱排布的开放型方殿所取代。一种专供女神的圣所也在此时引入。我们的印度教诸神有一位或多位妻子、孩子和供养人，[1]故而在同一片场地内。除了女神的圣殿外，还建起了其他各种附属性的亭阁，以便举行不同的典礼和仪式。除此，神庙由单墙围绕，山门上矗立着高耸的砖泥塔，表面覆盖着或圣或俗的各类形象。

如今我们常见的神庙布局便主要源自 16 世纪的设计，当时南亚次大陆的南端正在卡纳塔克帝王的统治之下。图 42 展示了单室神庙的一般布局，包括两层前室，

[1] 尤指虔敬主义诗人等，他们创造了大量虔敬主义诗歌献给神，并因此被后人视为圣人。——译者注

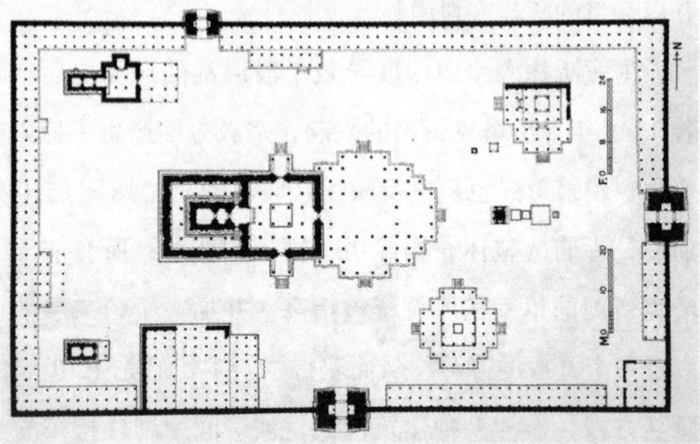

图 42. 亨比毗陀罗神庙平面图

环形过道、方殿或大台方殿以及厨房等其他位于同一片建筑群的对称亭阁、山门等。图 43 则是广目王神庙东面的主山门，它在 18 世纪时由一位广目王的虔敬信徒毘施塔巴亚（Bishtappayya）翻新。

图 43. 广目王神庙克里希纳王敕建的山门，
由 18 世纪昆施塔巴亚翻新

附录一[1]

佛辽若教授学术简历与著作目录

佛辽若夫妇曾两度到中国讲学，内容涉及印度的古文字学、建筑史、文学、艺术等等，但这仍无法涵盖两位学者一生所涉猎的广泛领域。以下简述其生平及著作目录，供读者参考。

一、[法]婆苏闼拉·卡瓦利－佛辽若（Vasundhara Kavali-Filliozat）

学术简历

婆苏闼拉1940年出生于卡纳塔克邦的哈韦

[1] 本书《附录一 佛辽若夫妇学术简历与著作目录》和《附录二 译名表》，均由译者编制。——译者注

里（Haveri），是印度学者乾那巴萨伐帕·卡瓦利（Chennabasavappa Kavali）的次女。她从小浸润在梵语和坎纳达语古典文化的环境中，并成长为一位艺术史学、金文学者。她的研究，以中世纪卡纳塔克建筑、铭文方面的成就最为突出，先后获得了当地政府的各类表彰，并于2008年被选举为卡纳塔克邦历史学会的第32任主席。婆苏闼拉已出版26种专著，以及大量坎纳达语、英语或法语的论文。近年在其影响下，她的丈夫皮埃尔－西尔万·佛辽若教授也对卡纳塔克邦丰富的宗教寺庙遗产产生了浓厚的兴趣，并随她一同进行考察研究，完成合著若干。婆苏闼拉还致力于卡纳塔克考古成果与传统文学在西方世界的传播，负责筹划组织了多种国际学术会议和周期性的普及活动。

著作目录

Vasundhara Filliozat, *Splendours of Indian Iconography: A Guide to the Master pieces of Lokeśvara Temple at Paṭṭadakal*, Torino: AIT-Aisa Institute & Roma: ISMEO, 2016.

Vasundhara Filliozat, *La mythologie hindoue. Tome II: Bhakti et Avatāra*, Palaiseau (Essonne): Āgamāt, 2016.

Vasundhara Filliozat, *La mythologie hindoue. Tome I: Viṣṇu*, Saint-Raphaël: Éditions Āgamāt, 2014.

Vasundhara Filliozat, Pierre-Sylvain Filliozat, *Kālāmukha temples of Karnataka, art and cultural legacy, Somanātha at Haraḷahaḷḷi and Kaḍambeśvara at Raṭṭtihaḷḷi*, New Delhi: Indira Gandhi National Centre for the Arts, 2012.

Prabhuśaṅkara, *Cent une paroles de Śaraṇa*, tr. Vasundhara Filliozat, Saint-Raphaël: Éditions Āgamāt, 2011.

Vasundhara Filliozat, "Une inscription remarquable en kannaḍa médiéval à Hampi-Vijayanagara", *Comptes rendus des séances de l'Académie des Inscriptions et Belles-Lettres*, 153e année, N. 4, 2009. pp. 1345-1364;

Vasundhara Filliozat, *Le Rāmāyaṇa: l'épopée illustrée par les sculptures des temples de Hampi*, Palaiseau (Essonne): Āgamāt, 2007.

Vasundhara Filliozat, *Hampi Vijayanagar: histoire et*

légendes, Palaiseau: Āgamāt, 2004.

Vasundhara Filliozat, "Une statue de Viśvarūpa au musée de Phnom Penh", *Arts asiatiques*, tome 57, 2002. pp. 226-228.

Vasundhara Filliozat, *Éléments de grammaire sanskrite: Gīrvāṇa-bhāṣā, la langue des dieux*, Palaiseau: Āgamāt, 1998.

Vasundhara Filliozat, et al., *Two small inscriptions from Haṃpi*, Delhi: Sri Satguru Publications, 1986.

Vasundhara Filliozat, Pierre-Sylvain Filliozat, *A Grant of Śrīraṅga-rāya I dated 10th september 1985 A. D.*, Delhi: Sri Satguru Publications, 1986.

Vasundhara Filliozat, Pierre-Sylvain Filliozat, "Les Inscriptions du temple de Viṭhala à Haṃpi", *Bulletin de L'École française d'Extrême-Orient*, vol.74, 1985, pp.183-264.

Vasundhara Filliozat, *Manuscrits marāṭhi à la Bibliothèque Nationale*, Paris: Bibliothèque Nationale, 1978.

Vasundhara Filliozat, "Nouvelles identifications de monuments à Hampi", *Journal Asiatique*, tome 266, 1978, pp.133-152.

Vasundhara Filliozat, "Les Quartiers et parchés de Haṃpi", *Bulletin de L'École française d'Extrême-Orient*, vol.64, 1977, pp.39-42.

Vasundhara Filliozat, *Le Théâtre moderne au Karnāṭak*, N.P.1970.

二、[法]皮埃尔－西尔万·佛辽若（Pierre-Sylvain Filliozat）

学术简历

皮埃尔－西尔万·佛辽若是法国远东学院著名印度学家让·佛辽若（Jean Filliozat，1906–1982年）的儿子，父子两代均为法兰西学院院士。他自幼在印度学的熏陶中长大，尤其是梵语文化。1959年，他从法国国家东方语言学院获得了印地语学位。1962年，在路易·雷诺（Louis Renou）的指导下，他在法国高等实践学院完成了关于维迪亚那他（Vidyānātha）的修辞学著作《波罗多波楼陀罗》（*Pratāparudrīya*）的研究。1963–1967年，他进入法国远东学院工作。自 1967 年至今，他在法国高等社会科学研究院（第四部门）担任梵语研究部主任。与此同时，自 1998 年起，他加入了阿拉伯哲学与中世纪历史研究中心（URA 1085, CNRS-EPHE），并在巴黎三大“东方语言与文明”的博士点开展教学工作。他还是法国亚洲学会的副会长，以及法国文学院的一员。

他的研究工作主要分两大方面：梵语传统文法学和印度教神庙，都深植于梵语传统文化之中。他早年主要把精力放在文法学巨著《大疏》（*Mahābhāṣya*）及其注疏的研究翻译上，完成了 10 卷本《大疏灯注》的译注工作。他也一直对梵语文学与艺术充满兴趣，并与夫人婆苏闼拉合作完成了若干具体的建筑史研究著作。因其学术成就，佛辽若先后获得法国军团荣誉勋章（Ordre national de la Légion d’honneur）、法国金棕榈勋章（Commanduer de l’ordre des Palmes académiques）等国家表彰。

著作目录

Pierre-Sylvain Filliozat, *A l'origine des études sanscrites*, Leuven: Peeters Publishers, 2020.

Pierre-Sylvain Filliozat, Michel Zink, éd., *L'arbre en Asie: Proceedings of the International Symposium on 8 and 9 of December 2016, organized by the Académie des Inscriptions et Belles-Lettres, the Société asiatique et the INALCO*, Leuven: Peeters Publishers, 2018.

Pierre-Sylvain Filliozat, Michel Zink, éd., *Antoine Galland et l'Orient des savants*, Leuven: Peeters Publishers, 2017.

Pierre-Sylvain Filliozat, Michel Zink, éd., *Tempus et tempestas*, Leuven: Peeters Publishers, 2016.

Jean-Louis Bacqué-Grammont, Pierre-Sylvain Filliozat, Michel Zink, éd., *Migrations de langues et d'idées en Asie*, Leuven: Peeters Publishers, 2015.

Jean-Louis Bacqué-Grammont, Pierre-Sylvain Filliozat, Michel Zink, éd., *Recherches sur le monde ottoman*, Leuven: Peeters Publishers, 2014.

Pierre-Sylvain Filliozat, Michel Zink, éd., *Sourires d'Orient et d'Occident*, Leuven: Peeters Publishers, 2013.

Vasundhara Filliozat, Pierre-Sylvain Filliozat, *Kālāmukha temples of Karnataka, art and cultural legacy, Somanātha at Haraḷahaḷḷi and Kaḍambeśvara at Raṭṭtihaḷḷi*, New Delhi: Indira Gandhi National Centre for the Arts, 2012.

Pierre-Sylvain Filliozat, Jean-Pierre Mahé, Jean Leclant éd., *L'oeuvre scientifique des missionnaires en Asie*, Leuven: Peeters Publishers, 2011.

Pierre-Sylvain Filliozat, éd., *Bouddhismes d'Asie: Actes du colloque en hommage à Alfred Foucher (1865-1952)*, Leuven: Peeters Publishers, 2009.

Pierre-Sylvain Filliozat, tr., *Le yogabhāṣya de Vyāsa*, Saint-Raphaël: Éditions Āgamāt, 2005.

Pierre-Sylvain Filliozat, éd., *Dictionnaire des littératures de l'Inde*, Paris: PUF, 2001.

Jean Deloche, Manonmani Filliozat, Pierre-Sylvain Filliozat, éd., *Voyage en Inde, 1754-1762*, Paris: EFEO, 1997.

Pierre-Sylvain Filliozat, *Le Sanskrit (Que sais-je)*, Paris: PUF, 1992 (2019).

Pierre-Sylvain Filliozat, éd., *Le tantra de Svayaṃbhū*, Genève: LibrairieDroz S.A., 1991.

Pierre-Sylvain Filliozat,"Le Tattvatrayanirṇaya 'La détermination des trois essences' de Sadyojyoti avec le commentaire d'Aghoraśivācārya", *Bulletin de l'École française d'Extrême-Orient*, Vol. 78, 1991, pp. 133-158.

Pierre-Sylvain Filliozat, *Grammaire sanskrite pāninéenne*, Paris: Picard, 1988.

Pierre-Sylvain Filliozat, "Hommage à Bernard Philippe Groslier, 1926-1986", *Comptes rendus des séances de l'Académie des Inscriptions et Belles-Lettres*, 154e année, N. 4, 2010. pp. 1533-1543.

Pierre-Sylvain Filliozat, "La Presse sanskrite contemporaine", *Bulletin d'Étude Indiennes*, N.4, 1986, pp.279-294.

Jean Filliozat, Vasundhara Filliozat, Pierre-Sylvain Filliozat, *A Copper Plate Inscription of Śrīraṅgarāya I*,

Pondicherry: All India Press, 1986.

Pierre-Sylvain Filliozat, Guy Mazars, "Observations sur la formule du volume de la pyramide et de la sphere chez Āryabhaṭa", *Bulletin d'Étude Indiennes*, N. 3, 1985, pp.37-48.

Vasundhara Filliozat, Pierre-Sylvain Filliozat, "Les Inscriptions du temple de Viṭhala à Hampi", *Bulletin de l'École française d'Extrême-Orient*, Vol. 74, 1985, pp.183-264.

Pierre-Sylvain Filliozat, "Les Nādakārikā de Rāmakaṇṭha", *Bulletin de l'École française d'Extrême-Orient*, Vol. 73, 1984, pp.223-255.

Pierre-Sylvain Filliozat, "Les Inscriptions sanskrites du roi Pallava Mahendravarman Ier", *Bulletin d'Étude Indiennes*, N. 2, 1984, pp.99-116.

Pierre-Sylvain Filliozat, "Jean Filliozat, 1906-1982", *Bulletin de l'École française d'Extrême-Orient*, Vol. 73, 1984, pp.1-30.

Pierre-Sylvain Filliozat, "Les Notions de verbe et

de substantif dans l'école pāṇinéenne", *Bulletin d'Étude Indiennes*, N. 1, 1983, pp.66-71.

Pierre-Sylvain Filliozat, tr., *Mahābhāṣyapradīpavyākhyānāni: commentaries sur le Mahābhāṣya de Patañjali et le Pradīpa de Kaiyaṭa*, tome 1-10, Pondichéry: Institut français d'indologie, 1973-1983.

Pierre-Sylvain Filliozat, "L'École modern des Vaiyākaraṇa du Mahārāṣṭra", *Indologica Taurinensia*, Vol. 6, 1978, pp.143-150.

Pierre-Sylvain Filliozat,"Le Droit d'entrer dans les temple de Śiva au XIème siècle", *Journal Asiatique*, Vol. 263, 1975, pp.103-117.

Pierre-Sylvain Filliozat, "Le Tattvaprakāśa du roi Bhoja et les commentaries d'Aghoraśivācārya et de Śrikumāra", *Journal Asiatique*, N. 259, 1971, pp.247-295.

Pierre-Sylvain Filliozat,*Oeuvres Poetiques De Nīlakaṇṭha Dīkṣita*, Pondichéry: Institut français d'indologie, 1967.

Pierre-Sylvain Filliozat, "L'Āryāśataka d'Appayyadīkṣita, stances de devotion à Śiva", *Journal Asiatique*, Vol. 265,

1965, pp.51-82.

Pierre-Sylvain Filliozat, "The Gurutattvamālikāstotra of Nīlakaṇṭha Dīkṣita", *Journal of Oriental Research*, Vol.34-35, 1964, pp.95-101.

Pierre-Sylvain Filliozat,tr., *Le Pratāparudrīya de Vidyānātha, avec le commentaire Ratnāpaṇa de Kumārasvāmin*, Publications de l'Institut Français d'Indologie, No. 26., Pondichéry: Institut Français d'Indologie, 1963.

附录二

译名表

除正文脚注所引参考文献外，本部分的汉语译词主要参考：(一)季羡林等校注，玄奘、辩机原著，《大唐西域记校注》，中华书局，1985 年；(二)王邦维校注，义净原著，《南海寄归内法传校注》，中华书局，1995 年；(三)张澍霖、夏炎德等合译，R.C. 马宗达、H.C. 赖乔杜里、卡利金卡尔·达塔合著，《高级印度史》，商务印书馆，1986 年；(四)王立新、周红江译，[德]赫尔曼·库尔克、迪特马尔·罗特蒙特著，《印度史》，中国青年出版社，2008 年。(五)刘墉著，《印度美术史论》，人民美术出版社，1999 年。为方便一般读者，外文按拉丁字母顺序排列。

一、史地

Aihole 艾霍莱

Ajanta 阿旃陀石窟

Amoghavarṣa 不空雨（国王名）= 尼波东迦（Nṛpatuṃga）

Andhra 案达罗地区

Aśoka 阿育王，即“无忧王”

Bādāmi 巴达米（方言作 Vātāpi，“瓦达比”）

Baḷḷigāve 巴里迦维（今作 Balligavi）

Banavāsideśa 巴纳瓦西国

Bhoja 波阇（国王名）

Calukya 遮娄其王国

Cape Comorin 科摩林角

Chera 哲罗王朝

Chola 朱罗王朝（二王朱利耶国）

Devagiri 天山

Dvārasamudra 德瓦刺萨穆德拉（国王名）

Ellora 埃洛拉石窟

Gaṅga 恒伽王国（有别于 Gaṅgā“ 恒河 ”）

Godāvarī 戈达瓦里河

Gulbarga 古尔伯加

Hampi 亨比

Haralahalli 赫莱拉哈利村

Harṣa 戒日王（音译：曷利沙，或依其全名 Harṣavardhana 曷利沙伐弹那，意为“喜增”）

Haveri 哈韦里地区

Hoysala 曷萨拉

Hoysala Ballāla 曷萨拉 · 巴腊拉（国王名）

Hubli 胡布利市（今属胡布利 – 塔尔瓦拉市）

Kadamba 迦丹巴

Kailāsanātheśvara 凯拉什山主自在天（神庙）

Kalyāṇa Cālukya 卡利亚纳 – 遮娄其

Kanauj 卡瑙杰

Kāñcipuram 建志补罗、建志城（音译：坎奇普拉姆）

Karṇāṭaka 卡纳塔克地区

Karṇāṭaka Saṃrājya 卡纳塔克帝国

Kāverī 高韦里河

Kṛṣṇa 克里希纳河（以克里希纳神命名）

Lokamahādevi 洛迦摩诃王后

Madurai 马杜赖

Mahābalipuram 马哈巴里普拉姆

Mahārāṣṭra 马哈拉施特拉邦

Maurya 孔雀王朝

Nāyaka 那耶迦首领

Nṛpatuṃga 尼波东迦国王名 = 不空雨（Amoghavarṣa）

Odisha 奥里萨地区

Pallava 帕拉瓦王朝

Pandya 潘迪亚王朝

Pattadakal 帕塔达卡尔

Pūlakeśin 补罗稽舍（一世、二世，国王名）

Rāṣṭrakuṭa 罗湿陀罗拘陀王朝

Saṅgama 桑格马家族

Samayavaram 萨玛耶伐兰

Śatavāhana 百乘王朝

Sevuṇa 塞弗那（国王名）

Someśvara 娑摩自在天（国王名）

Śriṅgeri 释林葛里

Tālaguṇḍa 塔拉贡多

Tanjavur 坦贾武尔

Toṇḍamaṇḍalam 汤傣曼达拉姆

Trailokyamahādevi 三界摩诃王后

Tuṃgabhadrā 栋格珀德拉河

Velāpura 维拉普拉

Vijayanagara 胜利之城（音译作：维查耶纳伽尔）

Vikramāditya 超日王（国王名）

Vinayavatī 具戒王后

Vindhya 温迪亚山

二、文学

ādikavi 最初的诗人

alaṃkāra 庄严（修辞）

alaṃkāraśāstra 庄严论（约相当于诗学、修辞学）

apahnuti 否定相似性

Bāṇabhaṭṭa 波那跋陀

Bhāskara 婆什迦罗

Dilīpa 迪利波（国王名）

Gītagovinda《牧童歌》

Kādambarī《迦丹波利》

Kannada 坎纳达语

Kāvyaprakāśa《诗光》

Kṛṣṇakarṇāmṛta《黑天悦耳甘露》

Kumārasambhava《鸠摩罗出世》

Līlāśuka 利拉苏迦

Līlāvatī《莉拉沃蒂》

Mahābhārata《摩诃婆罗多》

Mahākāvya 大诗

Mahātmya 大事记，一种以圣地为中心的史诗类型

Sthalamahātmya 圣地大事记

mandākrāntā 缓转格

Meghadūta《云使》

Mīmāṃsā 弥曼差

Nāṭyaśāstra 舞论

Nyāya 正理

paṇḍita 班智达，即学者

Prākṛta 俗语

Purāṇa 往世书

Bhāgavata Purāṇa 薄伽梵往世书

Śiva Purāṇa 湿婆往世书

Sthalapurāṇa 圣地往世书

upapurāṇa 小往世书

Rāmāyana《罗摩衍那》

Ṛtusaṃhāra《六季杂咏》

rūpaka 隐喻

Saddharmapuṇḍarika《法华经》

sahṛdaya 同心人

Saṃskṛta 梵语

Śāstra 理论性著作

Siddhāntaśiromaṇi《成就顶珠》

Subhāṣita《妙语》（一种梵语美文诗选）

Tamil 泰米尔语

upamā 明喻

utprekṣā 奇想（一种庄严 / 修辞手法）

Vālmīki 蚁垤

Veda 吠陀

virodhābhāṣā 对立举意（一种庄严 / 修辞手法）

Vyākaraṇa 文法

三、宗教

Ardhanārī 半身女（湿婆）相

aṣṭadikpālaka 八方护法

Asura 阿修罗

Tārakāsura 塔洛加阿修罗

Andhakāsura 安陀迦阿修罗

Basava 巴萨瓦（湿婆教派领袖）

= Basaveśvara 巴萨瓦自在天

Brahman 梵（中性名词）; 梵天（阳性名词）

Dakṣa 陀刹

Dakṣiṇāmūrti 南面神

Dharma 法、正法；在宗教语境中指教义

Ganeśa 迦奈什（二象头神）

Gommata(giri) 戈马特山

Gommateśvara 戈马特自在天（巨像）= 耆那教的圣人巴霍巴利（Bāhubali）❶

Hiraṇyakaśipu 金装

iṣṭadevatā 本尊、主尊

Īśvara 自在天；一般指湿婆，或广义上的神；也常用作人名

Kailāsanātha 凯拉什山主

Kāma 爱神（音译为“迦摩”）

Kavirājamārga《诗王之道》

Kedāra 凯达尔山（喜马拉雅的一部分）

Kedareśvara 凯达尔自在天，指湿婆在喜马拉雅山中的一种形象

Kṛṣṇa 克里希纳，即黑天

Kubera 俱比罗（一种药叉）

Lakulīśa 拉库里夏

Lakulīśa-Paśupata 拉库里夏－兽主教派

---

❶ 与巴霍巴利王并非同一人。耆那教的巴霍巴利传为第一位耆那教圣人牛主（Ṛṣabhanātha）之子。

Lākuliśa-Śaiva 拉库里夏湿婆教

līlā 嬉戏（尤指神自在的活动）

līlāmūrti 嬉戏相（具体二十五种湿婆嬉戏相，参见表 2）

liṅga 林伽

liṅgodbhavamūrti 林伽显颜

Mīnākṣī 鱼眼女神

Mukunda 穆恭陀（克里希纳的一种化身）

Nandinī（神牛）南迪尼

Narasiṃha 人狮（音译：那罗辛哈）

Naṭarāja 舞王（湿婆）

Pārvati 帕尔瓦蒂

Pīṭha 宗座

śakti 力量（湿婆五面与五力的关系，参见表 1）

Śiva 湿婆

Sadāśiva 恒主湿婆

Śaiva 湿婆教，湿婆信徒

Śiva-Maheśvara 湿婆 – 大自在天

Śivatattva 湿婆之本

Surabhi 苏罗毗

Tamilnadu 泰米尔纳德邦

tattva 谛，指真实、本质性的存在

tīrtha 圣地（原意通道）

Trivikrama 跨三界的毗湿奴矮人化身

Vāli-Sugrīva 婆黎－妙颈

Varadarāja 与愿王

Varāha（毗湿奴）野猪化身

Bhūvarāha 指身携大地女神的野猪化身

Veṅkaṭeśvara 山主

Virūpākṣa 广目王

Viṣṇu 毗湿奴

Vaiṣṇava 毗湿奴教及其信徒

Śrīvaiṣṇava 室利毗湿奴教派

Viṭṭhala 毗陀罗（方言又称 Vithoba，也被视作毗湿奴的一种化身）

Yakṣa 药叉

四、建筑

adhiṣṭhāna 基座

garbhagṛha 胎室（印度教神庙的至圣所）

gopuram 山门（即“牛城”）

jagati 下枭

Jakkanācāri 贾革纳风格

kaṇṭha 束腰

Karnāṭa-Drāviḍa 卡纳塔－达罗毗荼样式

Karṇāṭa-Nāgara 卡纳塔－那迦罗样式

maṇḍala 曼陀罗，即“圆圈”，引申为某种领辖范围

maṇḍapa 方殿（俗语作 mantapa）

raṅgamaṇḍapa 舞台方殿

latāmaṇḍapa 藤蔓方殿

mahāraṅgamaṇḍapa 大台方殿

dolotsavamaṇḍapa 秋千节日方殿

paṭṭikā 地栿

pradakṣināpatha 环形行道

śikhara 峰塔（即“山峰”，音译为“悉卡罗”）

śukanāsi 鹦喙

stambha 立柱

upastambha 附柱

stambhamaṇḍala 立柱曼陀罗

Teṃkaṇadiśeya 迦丹纳（建筑风格）

upāna 圭脚

译后记

为法兰西学院院士、著名法国印度学学者佛辽若先生及其夫人担任现场和讲稿翻译，是巧遇，更是荣幸。特别感谢两位学者与北京师范大学跨文化研究院董晓萍教授对我的信任，也非常感谢北京大学东方文学研究中心主任陈明教授最初的引荐。

佛辽若教授夫妇的研究涉猎实在广泛，在举重若轻的侃侃而谈之中，我不仅通过他们的眼睛见证印度文学艺术的微妙，也深受其研究热情的感染。印度学之博大精深，没有这一份踏破铁鞋的赤忱和长年累月的积累，恐怕难以为继。希望拙译著能够带给读者我从中获得的部分体验。译著尽可能忠于原作、继承先人译语，但也不乏个别新的尝试。如有牵强谬误之处，还请各位读者不吝批评。

最后，衷心感谢北京大学外国哲学研究所，以及社科重大项目“印度古典梵语文艺学重要文献翻译与研究”（18ZDA286）对此翻译工作曾给予的后援支持。

赵悠

北京大学哲学系（宗教学系）

外国哲学研究所

2021 年 12 月 26 日

“跨文化研究”丛书书目 [1]

1 乐黛云《跨文化方法论初探》，中国大百科全书出版社，2016。

2 [法]汪德迈（Léon Vandermeersch）《中国文化思想研究》，中国大百科全书出版社，2016。

3 [法]金丝燕、[法]法宝（Dhammaratana Tampalawela）《佛经汉译之路：〈长阿含·大本经〉对勘研究》，北京大学出版社，2016。

4 [法]金丝燕《文化转场：中国与他者》，中国大百科全书出版社，2016。

5 程正民《跨文化研究与巴赫金诗学》，中国大百科全书出版社，2016。

6 董晓萍《跨文化民间文艺学》，中国大百科全书出版社，2016。

---

[1] “跨文化研究”丛书是教育部人文社会科学重点研究基地重大项目“跨文化视野下的汉语、汉字与民俗文化研究”的综合性研究成果，[法]金丝燕、董晓萍主编，国内出版社加盟出版的有：中国大百科全书出版社、北京大学出版社、商务印书馆、中国人民大学出版社、中国社会科学出版社、北京师范大学出版社、文化艺术出版社和上海大学出版社。法国出版社同步出版的有：Paris:Éditions You Feng Libraire & Éditeur 与 Paris：Nuvis，乐黛云、[法]金丝燕、董晓萍主编。

7 [法]劳格文(John Lagerwey)华南民俗志》,中国大百科全书出版社,2016。
8 王邦维《跨文化的想象：文献、神话与历史》,中国大百科全书出版社,2017。
9 王一川《跨文化艺术美学》,中国大百科全书出版社,2017。
10 董晓萍《跨文化民俗学》,中国大百科全书出版社,2017。
11 董晓萍《跨文化民俗志》,中国大百科全书出版社,2017。
12 董晓萍《钟敬文与中国民俗学派》,中国社会科学出版社,2017。
13 [爱沙尼亚]于鲁·瓦尔克(Ülo Valk)《信仰·体裁·社会》,董晓萍译,中国大百科全书出版社,2017。
14 [法]劳格文(John Lagerwey)、谭伟伦主编《(一)闽西客家社会——长汀》,中国人民大学出版社,2017。
15 [法]劳格文(John Lagerwey)、谭伟伦主编《(二)闽西客家社会——宁化》,中国人民大学出版社,2017。
16 [法]劳格文(John Lagerwey)、谭伟伦主编《(三)与非客的社会》,中国人民大学出版社,2017。
17 [法]劳格文(John Lagerwey)、谭伟伦主编《(四)粤东粤北社会》,中国人民大学出版社,2017。
18 [法]汪德迈(Léon Vandermeersch)《中国思想的两种理性：占卜与表意》,[法]金丝燕译,北京大学出版社,2017。
19 王宁《汉字六论》,中国大

百科全书出版社，2017。

20 [法]汪德迈（Léon Vandermeersch）、金丝燕编著《古文言读本》（法文版），Paris：Éditions You Feng Libraire & Éditeur，2017。

21 [法]金丝燕等译《药师琉璃光七佛本愿功德经》（法文版），Paris：Éditions You Feng Libraire & Éditeur，2017。

22 董晓萍《中国经典故事》（法文版），Paris：Nuvis，2017。

23 [德]艾伯华（Wolfram Eberhard）《中国民间故事类型》（修订版），王燕生、周祖生译，刘魁立审校，董晓萍校注，商务印书馆，2017，2018。

24 [法]汪德迈（Léon Vandermeersch）《跨文化中国学》，中国大百科全书出版社，2018。

25 乐黛云、陈越光主编《全球视野下的中国文化本位》，中国人民大学出版社，2018。

26 乐黛云、陈越光主编《全球治理、国家治理和社会治理》，中国人民大学出版社，2018。

27 [法]金丝燕主编《中国当代艺术》（法文版），Paris Nuvis，2018。

28 [法]白乐桑（Jöel Belensan）《跨文化汉语教育学》，中国大百科全书出版社，2018。

29 [英]白馥兰（Francesca Bray）《跨文化中国农学》，董晓萍译，中国大百科全书出版社，2018。

30 董晓萍《跨文化民俗体裁学》，中国大百科全书出版社，2018。

31 王宁《跨文化汉字学》, Paris：Éditions You Feng Libraire & Éditeur，2018。
32 程正民《巴赫金诗学》, Paris：Éditions You Feng Libraire & Éditeur，2018。
33 程正民《巴赫金的诗学》，程正民主编，中国社会科学出版社，2019。
34 王志耕《俄罗斯社会学诗学》，程正民主编，中国社会科学出版社，2019。
35 张冰《俄罗斯形式主义诗学》，程正民主编，中国社会科学出版社，2019。
36 贾放《普罗普的故事诗学》，程正民主编，中国社会科学出版社，2019。
37 马晓辉《俄罗斯历史诗学》，程正民主编，中国社会科学出版社，2019。
38 张冰《洛特曼的结构诗学》，程正民主编，中国社会科学出版社，2019。
39 钟敬文《钟敬文全集》第1册，董晓萍编《总目》，高等教育出版社，2018。
40 钟敬文《钟敬文全集》第2册，连树声编《中国民俗学派》，高等教育出版社，2018。
41 钟敬文《钟敬文全集》第3册，钟敬文主编、许钰、董晓萍副主编《民俗学概论》，高等教育出版社，2018。
42 钟敬文《钟敬文全集》第4册，董晓萍编《歌谣学/故事学》，高等教育出版社，2018。
43 钟敬文《钟敬文全集》第5册，董晓萍编《神话传说学/谚语与谜语/民族民间文学》，高等教育出版社，2018。
44 钟敬文《钟敬文全集》第

6册，董晓萍、刘铁梁编《民间文艺新论集 / 民间诗歌与文人诗 / 歌谣史与诗歌史》，高等教育出版社，2018。
45 钟敬文《钟敬文全集》第7册，董晓萍编《民间文学（香港版）/ 人民口头创作》，高等教育出版社，2018。
46 钟敬文《钟敬文全集》第8册，钟敬文主编《民间文学概论》，高等教育出版社，2018。
47 钟敬文《钟敬文全集》第9册，陈子艾编《民俗文化学与文化史》，高等教育出版社，2018。
48 钟敬文《钟敬文全集》第10册，董晓萍整理《民俗文化学个案研究：女娲考 /〈水浒传〉专书研究》，高等教育出版社，2018。
49 钟敬文《钟敬文全集》第11册，王宁整理《民间文化传承学卷（第一册）/ 国学与外来学说》，高等教育出版社，2018。
50 钟敬文《钟敬文全集》第12册，王宁整理《民间文化传承学卷（第二册）/ 民间宗教与民间口头传承研究》，高等教育出版社，2018。
51 钟敬文《钟敬文全集》第13册，萧放编《历史民俗学》，高等教育出版社，2018。
52 钟敬文《钟敬文全集》第14册，杨利慧编《民间艺术学》，高等教育出版社，2018。
53 钟敬文《钟敬文全集》第15册，万建中编《民俗教育学》，高等教育出版社，2018。

54 钟敬文《钟敬文全集》第16册，程正民编《文艺学》，高等教育出版社，2018。

55 钟敬文《钟敬文全集》第17册，张恩和编《鲁迅研究文存（第一册）/关于鲁迅的论考与回想》，高等教育出版社，2018。

56 钟敬文《钟敬文全集》第18册，张恩和编《鲁迅研究文存（第二册）/鲁迅研究札记与译著》，高等教育出版社，2018。

57 钟敬文《钟敬文全集》第19册，何乃英编《国际交流卷》，高等教育出版社，2018。

58 钟敬文《钟敬文全集》第20册，童庆炳编《散文卷（第一册）/五四以来散文创作与抗战报告文学》，高等教育出版社，2018。

59 钟敬文《钟敬文全集》第21册，童庆炳编《散文卷（第二册）/现代散文与创作论》，高等教育出版社，2018。

60 钟敬文《钟敬文全集》第22册，董晓萍、康丽编《诗歌概论/诗歌通论/诗词格律要略》，高等教育出版社，2018。

61 钟敬文《钟敬文全集》第23册，胡友鸣编《考证〈白香词谱〉》，高等教育出版社，2018。

62 钟敬文《钟敬文全集》第24册，赵仁珪编《诗词总集》，高等教育出版社，2018。

63 钟敬文《钟敬文全集》第25册，赵仁珪、钟宜编《诗词补集》，高等教育出版社，2018。

64 钟敬文《钟敬文全集》第

26册，宫苏艺编《报刊文章》，高等教育出版社，2018。

65 钟敬文《钟敬文全集》第27册，秦永龙、董晓萍编《学术书信卷》，高等教育出版社，2018。

66 钟敬文《钟敬文全集》第28册，史玲玲、朱霞、赖彦斌、赵娜编《钟敬文与北师大民俗学史（1949-2013年）》，高等教育出版社，2018。

67 钟敬文《钟敬文全集》第29册，董晓萍、赖彦斌、赵娜编《钟敬文录像图文卷》，高等教育出版社，2018。

68 钟敬文《钟敬文全集》第30册，钟少华、钟宜、曹文瀚编《图片手迹》，高等教育出版社，2018。

69 董晓萍《文献与口头》，上海大学出版社，2019。

70 [法]金丝燕《文化转场：法国早期汉学视野研究》，中国大百科全书出版社，2019。

71 董晓萍《跨文化技术民俗学》，中国大百科全书出版社，2019。

72 董晓萍《跨文化民间叙事学》，中国大百科全书出版社，2019。

73 王一川《中国艺术心灵》，中国大百科全书出版社，2019。

74 李国英《〈说文解字〉研究四题》，中国大百科全书出版社，2019。

75 韩琦《康熙皇帝·耶稣会士·科学传播》，中国大百科全书出版社，2019。

76 [法]罗栖霞（Julie Lechemin）《法国国家图书馆：汉学图书的跨文化典藏》，中国大百科全书出版社，2019。
77 刘宁《跨文化俄苏文学访谈录》，李正荣整理，中国大百科全书出版社，2019。
78 [爱沙尼亚] 于鲁 · 瓦尔克（Ülo Valk）《信仰故事学》，董晓萍译，中国大百科全书出版社，2019。
79 董晓萍《国家 · 历史 · 民俗》，中国大百科全书出版社，2019。
80 [法] 汪德迈（Léon Vandermeersch）《中国教给我们什么》，[法] 金丝燕译，中文繁体版，香港中文大学出版社，2019。
81 陈越光《谦卑》，中国大百科全书出版社，2019。
82 [法] 冉刻（Léon Vandermeersch）《谦卑》，金丝燕译，中国大百科全书出版社，2019。
83 [法] 金丝燕《读》，中国大百科全书出版社，2019。
84 [法] 约翰 – 弗朗索瓦 · 塞纳（Jean-François Sené）《读》，赵宗红译，中国大百科全书出版社，2019。
85 [法] Danielle Marcoin trans. Folk Sayings on Cigarette Boxes《烟盒上的谚语》，法文版，Paris : Editions Nuvis，2019。
86 [法] 汪德迈（Léon Vandermeersch）《中国教给我们什么》，[法] 金丝燕译，中文简体版，中国大百科全书出版社，2020。
87 [法] 汪德迈（Léon Vandermeersch）《中国思想的两种理性》，[法] 金丝燕译，中文简体版，中国大百科全书出版社，2020。
88 [法] 汪德迈（Léon Vandermeersch）《跨文化中国学》（上），中国大百科全书出版社，2020。
89 [法]汪德迈（Léon Vandermeersch）《跨文化中国学》（下），中国大百科全书出版社，2020。
90 [法]汪德迈（Léon Vandermeersch）《新汉文化圈》，陈彦译，中国大百科全书出版社，2022。
91 陈越光、董晓萍、金丝燕编《跨文化的星辰——汪德迈》，中国大百科全书出版社，2022。
92 [法]汪德迈（Léon Vandermeersch）《中国文学的独特起源》，金丝燕译，中国大百科全书出版社，即出。
93 [法]汪德迈（Léon Vandermeersch）《中国礼制社会》（上），中国大百科全书出版社，即出。
94 [法]汪德迈（Léon Vandermeersch）《中国礼制社会》（中），中国大百科全书出版社，即出。
95 [法]汪德迈（Léon Vandermeersch）《中国礼制社会》（下），中国大百科全书出版社，即出。
96 [法]汪德迈（Léon Vandermeersch）金丝燕《古文言读本》（第一册），中文版，Paris : Éditions You Feng Libraire & Éditeur, 2020。
97 [法]金丝燕、路士栋、[法]法宝（Dhammaratana Tampalawela）译，《长阿含·阇尼沙经》，中法双语，Paris : Éditions You Feng Libraire & Éditeur, 2020。
98 [法]金丝燕、[法]法宝（Dhammaratana Tampalawela）《佛经汉译之路：

〈长阿含·阇尼沙经〉对勘研究—中古汉土的期待视野》，中文版，Paris : Éditions You Feng Libraire & Éditeur，2020。
99 [俄]契切罗夫《俄罗斯人民口头创作》，连树声译，中文版，Paris : Éditions You Feng Libraire & Éditeur，2020。
100 [法]金丝燕等译（JIN Siyan，Robert Lechemin，Tmpalawela Dhammaratana）《典尊经》Soutra du Grand Exemplaire Vénérable，Traduit et annoté par，中法双语版，Paris : Éditions You Feng Libraire & Éditeur，2020。
101 [法]金丝燕、董晓萍主编 Transfert culture : Textes，arts，langues et cultures，sous la direction de Jin Siyan et Dong Xiaoping（《文化转场：文本、艺术、语言与文化—联合国教科文国际会议论文集》），英文版，Paris : Éditions You Feng Libraire & Éditeur，2020。
102 董晓萍《田野民俗志》（第三版），北京师范大学出版社，2020。
103 乐黛云、陈越光主编《跨文化学研究的理论与方法》，中国人民大学出版社，2021。
104 [法]金丝燕《诗学的悖论》，中国大百科全书出版社，2022。
105 董晓萍《跨文化学的文化批评》，中国大百科全书出版社，2022。
106 王一川《跨文化学的要素》，中国大百科全书出版社，2022。

107 [法]婆苏闼拉·卡瓦利-佛辽若(Vasundhara Kavali-Filliozat)、[法]皮埃尔-西尔万·佛辽若(Pierre-Sylvain Filliozat)《法国的印度学》,赵悠译,中国大百科全书出版社,2022。

108 [英]白馥兰(Fransesca Bray)《技术作为一种文化—跨文化研究的一种尝试》,董晓萍译,中国大百科全书出版社,2022。

109 程正民《跨文化诗学——以俄罗斯诗学为例》,中国大百科全书出版社,2022。

110 [比]巴得胜(Bart Dessein)《跨文化学的研究范式》,董晓萍译,中国大百科全书出版社,2022。

111 [法]米歇尔·冉刻(Michel Zink)《游吟诗人》,[法]王以培译,中国大百科全书出版社,2022。

112 [美]傅罗格(Frog)《跨文化的芬兰学派》,董晓萍译,中国大百科全书出版社,2022。

113 [法]米歇尔·西班牙(Michel Espagne)《跨文化的文化转场》,董晓萍译,中国大百科全书出版社,2022。

114 [日]内田庆市《文化交涉学十六讲》,中国大百科全书出版社,2023。

115 [法]冉刻(Michel Zink)《中世纪文学研究》,[法]金丝燕译,中国大百科全书出版社,2022。

116 董晓萍等《非常跨文化对谈录》,中国社会科学出版社,2022。